宏观质量管理学术丛书

Evaluation of Economic Growth Quality in China:
An Empirical Analysis Based on Residents' Perception

中国经济增长质量评价：基于居民感知的实证分析

罗连发 ● 著

中国社会科学出版社

图书在版编目(CIP)数据

中国经济增长质量评价：基于居民感知的实证分析／罗连发著．—北京：中国社会科学出版社，2015.8
ISBN 978-7-5161-6611-6

Ⅰ.①中… Ⅱ.①罗… Ⅲ.①中国经济—经济增长—经济评价 Ⅳ.①F124

中国版本图书馆 CIP 数据核字（2015）第 160172 号

出 版 人	赵剑英
责任编辑	田　文
特约编辑	陈　琳
责任校对	张爱华
责任印制	王　超

出　　版	中国社会科学出版社
社　　址	北京鼓楼西大街甲 158 号
邮　　编	100720
网　　址	http://www.csspw.cn
发 行 部	010-84083685
门 市 部	010-84029450
经　　销	新华书店及其他书店
印刷装订	三河市君旺印务有限公司
版　　次	2015 年 8 月第 1 版
印　　次	2015 年 8 月第 1 次印刷
开　　本	710×1000　1/16
印　　张	12.75
插　　页	2
字　　数	210 千字
定　　价	46.00 元

凡购买中国社会科学出版社图书，如有质量问题请与本社营销中心联系调换
电话：010-84083683
版权所有　侵权必究

《宏观质量管理学术丛书》
编委会

主　编　程　虹

编　委（以姓氏拼音排序）

　　陈　川　　陈昕洲　　邓　悦　　范寒冰　　范锐敏
　　贾国栋　　李丹丹　　李　酣　　李艳红　　刘三江
　　刘　芸　　罗连发　　罗　英　　宋　琼　　宋时磊
　　陶　军　　王　虹　　汪晓清　　许　伟　　余　凡
　　余红伟　　袁晓峰　　张继宏

跨学科的前沿探索

——《宏观质量管理学术丛书》总序

无论宏观质量管理的定义还需要怎样的精确界定,也无论宏观质量管理的学科体系还有待怎样的科学凝练,宏观质量作为一种客观现象的存在是毋庸置疑的,而对宏观质量的管理更是一个显而易见的问题。科学最重要的是发现"问题",这些问题既是新的,背后的规律又是有待人们去探索的。宏观质量以及对宏观质量的管理,就是一个新的问题,也是亟须从科学上探索其内在规律的问题。《宏观质量管理学术丛书》的定位,就是立足于探索宏观质量现象背后的科学规律,并在此基础上提出科学的质量管理和质量治理的制度、方法与工具。

现代科学的发展趋势就是要研究"问题",同时对问题的研究则是采用跨学科的研究方法。宏观质量管理本身就是一个复杂的问题,需要从管理科学、经济科学、信息科学、工程科学和人文科学的跨学科视野展开综合研究,只有这样的跨学科研究才能识别和认识宏观质量管理背后的一般规律。《宏观质量管理学术丛书》将从跨学科的角度,推出系列的学术专著,包括微观产品质量与宏观经济增长质量研究、中国特色质量管理体制机制变迁研究、中国质量史研究、区域质量评价与经济性影响因素研究、质量主体博弈研究、质量责任体系研究、比较实验对中国质量治理体系优化研究、中国质量服务机构发展研究、标准作为一种市场秩序的理论研究、大数据管理下的质量创新研究、电子商务中质量信息分析研究、网络质量语义研究、基于网络的质量安全监测与预警方法研究等。这些系列著作都将从跨学科的角度，研究和探索宏观质量管理这一问题。

《宏观质量管理学术丛书》的学术追求是前沿与创新，将整合应用跨学科的前沿理论，以实证为主要研究方法，立足于大数据的应用，着力于对问题背后一般规律的探索，力求提出有创新性的理论观点和科学方法。

《宏观质量管理学术丛书》由武汉大学质量发展战略研究院、宏观质量管理湖北省协同创新中心组织编辑出版，是武汉大学质量发展战略研究院学术同仁科研成果的汇聚，将集中反映武汉大学质量发展战略研究院这一学术共同体的学科范式和科学追求。

程 虹
《宏观质量管理学术丛书》主编
2014 年 12 月于武汉大学樱顶

序

我国经济进入新常态以后，经济增长的质量得到了前所未有的关注。我国从1994年就提出了提升经济增长质量的政策口号，此后几乎每年的政府重要文件都要强调经济增长质量，尤其是近年来，提高经济增长质量的呼声越来越高。罗连发博士的《中国经济增长质量评价：基于居民感知的实证分析》是面对这一重大现实问题而作的一本专著。

罗连发博士在武汉大学质量发展战略研究院以经济增长质量作为研究主题从事博士后工作，我是他的合作导师。武汉大学质量发展战略研究院正好是以经济增长质量作为主攻方向的跨学科研究院，罗连发博士的研究具有良好的平台支撑。《中国经济增长质量评价：基于居民感知的实证分析》一书是他这两年研究的集中体现。关于我国经济增长质量的研究已相当丰富，我认为该书与现有的经济增长质量研究成果相比，主要有三个方面的创新之处：

一是应用了一个新的评价视角。经济增长质量的研究，首先面对的问题就是一个评价问题，如果评价的规则不能被认可，其结论就会受到质疑。因此，该书首先解决的一个问题就是如何进行我国经济增长质量的评价？该书指出，经济增长质量应遵循质量的一般性定义，即"一组固有属性满足要求的程度"，这是ISO给出的一个较为普遍应用的定义。满足要求的主体是产品的使用者或消费者的要求，因此在微观的产品服务质量领域，越来越注重消费者的主观评价。基于这一思路，本书提出了经济增长质量的评价也应基于居民感知的评价，也就是经济增长质量的好坏，应基于老百姓的主观评价。我认为，这一评价视角的创新，是一个重要的理论进步。因为当前我们把经济增长质量主要界定为增长的稳定性、结构优化、投入产出效率提升等方面，主要关注的是客观指标，这是实现经济增长质量的工具而非目标，经济增长在这些客观指标上不断地改善并不一定能够带来老百姓福利水平的提升。近年来，我国居民对于收入增长的感知不断下降就是一个很好的证明。本书提出的经济增长质量评价，是"经济增长的结果被社会公众所满意的程度"，因而其落脚点是居民的主观评价。这将对经济增长质量的研究，尤其是经济增长质量的评价研究提供新的视角。罗连发博士的这一研究成果，主要是因为他运用了跨学科的研究视角，综合了武汉大学质量院在质量评价上的优势以及他自身在发展经济学上的研究基础。

二是进行了扎实的实证研究。在科学研究中，提出一个新问题并不是最困难的，最困难的是要验证这一问题。本书的第二个重要特点，我认为一个重要创新就是在实证方面，扎扎实实地进行了数据调查与评价。武汉大学质量院从2013年就开始提出要基于居民的主观感知来进行经济增长质量的评价，罗连发博士深入地参与了这一调查，包括问卷的设计、实地调查、问卷整理与数据统计等。本书提出经济增长质量的评价分为物质福利、社会生活和个人生活三个方面，共计32个指标，既是基于理论的分析，也是基于我国经济增长质量的现实问题而提出来的。从内容上也可以看到，该书60%以上都是数据，这些数据是2013年和2014年两年对全国1万多名居民、35万条数据进行调查的统计与回归分析的结果。这么大的数据调查任务依靠某个个人是不可能完成的，因此，这本书更多的是罗连发博士所在单位的集体劳动的成果，我认为仅仅是得到这些数据和评价结果就已经是一个不简单的创新。

三是对经济增长质量的原因进行了较为详细的微观分析。本书另一个特色还在于对经济增长质量的决定因素进行了比较深入的分析，例如居民的收入、年龄、受教育程度等因素对于其经济增长质量的感知评价到底有何影响？在区域层面经济增长质量的主观指标与客观指标之间的关系到底如何？这些研究对于当前的经济增长质量政策具有一定的启示意义，这也是目前的经济增长质量研究所未能做的。

这本著作对于理解当前我国经济增长质量的问题具有重要的启示。当然本书还有很多需要完善的方面，例如经济增长质量评价指标的解释、经济增长质量决定模型的设定、对于政策的分析等，都还需要有更多的理论解释。但作为青年学者，能够在以上三方面作出一定的创新已实属不易。作为他的合作导师，我认为罗连发博士对经济增长质量的极大研究兴趣，同时还拥有跨学科的研究背景，相信他能够在本书的基础上作出更多具有创新性的经济增长质量研究成果。

武汉大学质量发展战略研究院院长　程虹

2015年7月于武汉大学樱园

目 录

概 论 …………………………………………………………… (1)

引 言 …………………………………………………………… (4)
 一 问题的提出 ………………………………………………… (4)
 二 研究内容与主要的创新点 ………………………………… (7)
  （一）研究内容 …………………………………………… (7)
  （二）主要的创新点 ……………………………………… (8)

第一章 经济增长质量的文献回顾 ………………………… (9)
 一 基于客观评价的指标体系 ………………………………… (9)
 二 基于主观指标的评价体系 ………………………………… (12)
 三 综合性评价指数 …………………………………………… (14)
 四 对文献的简要评论 ………………………………………… (15)
  （一）对经济增长质量概念的界定仍然不够清晰 ……… (15)
  （二）在理论上仍主要强调"增长"而未落脚于"质量" … (16)
  （三）没有针对经济增长质量评价进行专门的数据调查 …… (16)

第二章 我国经济增长质量的政策回顾 …………………… (18)
 一 政策文献对于经济增长质量的基本界定 ………………… (18)
 二 经济增长质量政策的阶段性特征 ………………………… (20)
 三 我国经济增长质量的主要政策手段 ……………………… (26)
  （一）设置行政审批门槛 ………………………………… (26)
  （二）政府的直接投资 …………………………………… (27)

（三）立法手段 ·· (27)
　四　我国经济增长质量政策的主要特征 ···················· (28)
　　　（一）质量被视为一个与数量相对应的调控概念 ········ (28)
　　　（二）经济增长质量的方式主要是政府的宏观调控 ······ (29)
　　　（三）扩大内需是经济增长质量的主要政策目标 ········ (29)
　五　我国经济增长质量政策效果评价 ························ (29)
　　　（一）能源消耗状况 ·································· (30)
　　　（二）城乡差距状况 ·································· (31)
　　　（三）国内消费需求的实际增长状况 ···················· (32)
　　　（四）全要素生产率 ·································· (33)
　六　对我国经济增长质量政策的一般性评论 ················ (34)

第三章　基于感知的经济增长质量评价指标设计与数据获取 ······ (36)
　一　经济增长质量的一个新定义 ···························· (36)
　二　基本理论假设与指标体系构建 ·························· (37)
　　　（一）理论假设 ······································ (37)
　　　（二）指标体系设计 ·································· (38)
　三　调查数据 ·· (41)
　　　（一）关于数据的说明 ································ (41)
　　　（二）数据的信度检验 ································ (47)

第四章　我国经济增长质量评价结果 ·························· (48)
　一　计算方法与描述性统计结果 ···························· (48)
　　　（一）统计方法 ······································ (48)
　　　（二）调查结果 ······································ (48)
　　　（三）权重的确定 ···································· (53)
　　　（四）整体得分的年度对比 ···························· (55)
　　　（五）不同人群的分类统计 ···························· (57)
　二　各地区排名 ·· (82)
　　　（一）经济增长质量总指数及分指数排名 ················ (82)
　　　（二）各指标的区域排名 ······························ (93)
　三　关于经济增长质量的特征性事实 ······················ (101)

（一）对收入增长结果的评价不高反映了我国国民收入
分配体系中居民收入比重不高的问题 …………………（101）
（二）对于消费增长的评价不高反映了我国经济增长结
构中消费需求增长不足 …………………………………（102）
（三）对社会收入分配状况的评价较低表明我国的市场
经济发展的包容性不够 …………………………………（103）
（四）我国区域间的经济增长质量差异反映了随着市场化
程度提升而提高的趋势 …………………………………（104）
四 相关性分析 ………………………………………………（105）

第五章 我国经济增长质量评价的回归分析 ………………（111）
一 经济增长质量回归模型的构建 …………………………（111）
二 描述性统计 ………………………………………………（113）
（一）经济增长质量主观评价与人均GDP的关系 ………（113）
（二）经济增长质量主观评价与GDP增长率的关系 ……（118）
（三）经济增长质量主观评价与客观指标之间的关系 …（123）
（四）经济增长质量主观评价与消费的关系 ……………（133）
三 回归结果 …………………………………………………（137）
（一）总体回归结果 ………………………………………（138）
（二）交互效应分析 ………………………………………（155）
（三）分组回归 ……………………………………………（159）

第六章 结论、政策建议与研究展望 ………………………（167）
一 主要结论 …………………………………………………（167）
（一）居民感知评价是经济增长质量的重要微观基础 …（167）
（二）经济增长质量的结构差异显著 ……………………（167）
（三）社会生活与个人生活是导致经济增长质量差异的重要
方面 ……………………………………………………（168）
（四）收入对于经济增长质量的影响具有临界点效应 …（168）
二 主要的政策建议 …………………………………………（169）
（一）在全国建立起居民感知的经济增长质量评价体系 …（169）
（二）重视社会建设提高总体经济增长质量 ……………（169）

（三）发挥市场对于经济增长质量提升的决定性作用 ……… (169)
三　进一步的研究展望 ……………………………………… (170)

附　录 ………………………………………………………… (171)

参考文献 ……………………………………………………… (176)

图目录

图 0-1　2009—2014 年我国城镇居民收入增长情况 …………… (5)
图 0-2　收入感受指数（季度数据） …………………………… (5)
图 0-3　2009—2014 年收入感受指数（年度数据） …………… (6)
图 2-1　1995—2013 年我国 GDP 年增长率 …………………… (21)
图 2-2　2001—2012 年 GDP 增长率与能源消耗增长率对比 …… (30)
图 2-3　2000—2012 年能源消费弹性系数变化 ………………… (30)
图 2-4　1995—2013 年我国基尼系数的变动 …………………… (31)
图 2-5　1995—2012 年我国城乡收入比的变动趋势 …………… (32)
图 2-6　1995—2013 年三大需求对于 GDP 增长的贡献率 …… (33)
图 2-7　1995—2011 年我国全要素生产率的变动 ……………… (34)
图 3-1　经济增长质量三维评价模型 …………………………… (37)
图 4-1　经济增长质量评价的年度对比（2013—2014 年） …… (55)
图 4-2　不同年龄人群的经济增长质量评价（2013 年） ……… (62)
图 4-3　不同年龄组的经济增长质量评价（2014 年） ………… (64)
图 4-4　不同收入组的经济增长质量评价（2013 年） ………… (66)
图 4-5　不同收入组的经济增长质量评价（2014 年） ………… (68)
图 4-6　不同受教育程度人群的经济增长质量评价（2013 年） … (71)
图 4-7　按不同受教育水平分组的经济增长质量
　　　　评价（2014 年） ………………………………………… (72)
图 4-8　农村与城市经济增长质量评价的对比（2013 年） …… (75)
图 4-9　经济增长质量的区域对比 ……………………………… (79)
图 4-10　经济增长质量的区域对比（2014 年） ……………… (81)
图 4-11　我国居民的财产性收入占总收入的
　　　　 比重（2002—2012 年） ……………………………… (102)

图 4-12　不同区间经济增长质量 …………………………………… （104）
图 4-13　各区域主要物质福利指标的对比 …………………………… （105）
图 5-1　经济增长质量总指数与人均 GDP（一次曲线拟合）…… （113）
图 5-2　经济增长质量总指数与人均 GDP（二次曲线拟合）…… （114）
图 5-3　物质福利指数与人均 GDP（一次曲线拟合）…………… （114）
图 5-4　物质福利指数与人均 GDP（二次曲线拟合）…………… （115）
图 5-5　社会生活指数与人均 GDP（一次曲线拟合）…………… （115）
图 5-6　社会生活指数与人均 GDP（二次曲线拟合）…………… （116）
图 5-7　个人生活指数与人均 GDP（一次曲线拟合）…………… （116）
图 5-8　个人生活指数与人均 GDP（二次曲线拟合）…………… （117）
图 5-9　收入增长评价与人均 GDP（一次曲线拟合）…………… （118）
图 5-10　收入增长评价与人均 GDP（二次曲线拟合）………… （118）
图 5-11　经济增长质量指数与 GDP 增长率（一次曲线拟合）… （119）
图 5-12　经济增长质量指数与 GDP 增长率（二次曲线拟合）… （119）
图 5-13　物质福利指数与 GDP 增长率（一次曲线拟合）……… （120）
图 5-14　物质福利指数与 GDP 增长率（二次曲线拟合）……… （120）
图 5-15　社会生活指数与 GDP 增长率（一次曲线拟合）……… （121）
图 5-16　社会生活指数与 GDP 增长率（二次曲线拟合）……… （121）
图 5-17　个人生活指数与 GDP 增长率（一次曲线拟合）……… （122）
图 5-18　个人生活指数与 GDP 增长率（二次曲线拟合）……… （122）
图 5-19　经济增长的稳定性评价与人均 GDP 的关系
　　　　（一次曲线拟合）……………………………………… （123）
图 5-20　对经济增长稳定性评价与人均 GDP 的关系
　　　　（二次曲线拟合）……………………………………… （124）
图 5-21　对投入产出效率评价与人均 GDP 的关系
　　　　（一次曲线拟合）……………………………………… （124）
图 5-22　对投入产出效率评价与人均 GDP 的关系
　　　　（二次曲线拟合）……………………………………… （125）
图 5-23　对经济结构的评价与人均 GDP 的关系
　　　　（一次曲线拟合）……………………………………… （125）
图 5-24　对经济结构的评价与人均 GDP 的关系
　　　　（二次曲线拟合）……………………………………… （126）

图目录

图 5-25　经济增长的稳定性评价与 GDP 增长率的关系
　　　　（一次曲线拟合）……………………………………（126）
图 5-26　经济增长的稳定性评价与 GDP 增长率的关系
　　　　（二次曲线拟合）……………………………………（127）
图 5-27　对投入产出效率评价与 GDP 增长率的关系
　　　　（一次曲线拟合）……………………………………（127）
图 5-28　对投入产出效率评价与 GDP 增长率的关系
　　　　（二次曲线拟合）……………………………………（128）
图 5-29　对经济结构合理性的评价与 GDP 增长率的关系
　　　　（一次曲线拟合）……………………………………（128）
图 5-30　对经济结构合理性的评价与 GDP 增长率的关系
　　　　（二次曲线拟合）……………………………………（129）
图 5-31　经济增长的稳定性评价与第三产业比重
　　　　（一次曲线拟合）……………………………………（130）
图 5-32　经济增长的稳定性评价与第三产业比重
　　　　（二次曲线拟合）……………………………………（130）
图 5-33　投入产出效率评价与第三产业比重
　　　　（一次曲线拟合）……………………………………（131）
图 5-34　投入产出效率评价与第三产业比重
　　　　（二次曲线拟合）……………………………………（131）
图 5-35　经济结构合理性评价与第三产业比重
　　　　（一次曲线拟合）……………………………………（132）
图 5-36　经济结构合理性评价与第三产业比重
　　　　（二次曲线拟合）……………………………………（132）
图 5-37　经济增长质量总指数与城市消费的关系
　　　　（一次曲线拟合）……………………………………（133）
图 5-38　经济增长质量总指数与城市消费的关系
　　　　（二次曲线拟合）……………………………………（133）
图 5-39　物质福利评价与城市消费的关系（一次曲线拟合）…（134）
图 5-40　物质福利评价与城市消费的关系（二次曲线拟合）…（134）
图 5-41　社会生活评价与城市消费的关系（一次曲线拟合）…（135）

图 5-42　社会生活评价与城市消费的关系（二次曲线拟合）　…（135）
图 5-43　个人生活评价与城市消费的关系（一次曲线拟合）　…（136）
图 5-44　个人生活评价与城市消费的关系（二次曲线拟合）　…（136）

表目录

表 2-1　1995—2002 年各政策文献中关于经济增长质量的表述 …（21）
表 2-2　2003—2008 年各政策文献中关于经济增长质量的表述 …（23）
表 2-3　2009—2014 年各政策文献中关于经济增长质量的表述 …（25）
表 3-1　经济增长质量评价指标体系（2013 年）……………………（39）
表 3-2　经济增长质量评价指标体系（2014 年）……………………（40）
表 3-3　质量经济增长质量量表……………………………………（41）
表 3-4　各省城市的抽取……………………………………………（42）
表 3-5　调查的样本分布状况………………………………………（46）
表 3-6　信度检验输出结果…………………………………………（47）
表 4-1　经济增长质量调查结果统计（2013 年）……………………（48）
表 4-2　经济增长质量调查指标排序（2013 年）……………………（49）
表 4-3　经济增长质量调查结果统计（2014 年）……………………（51）
表 4-4　经济增长质量调查指标排序（2014 年）……………………（52）
表 4-5　经济增长质量一级指标与二级指标的权重系数…………（54）
表 4-6　经济增长质量评价总得分年度对比（2013 年）……………（55）
表 4-7　相同或相似指标的年度比较………………………………（56）
表 4-8　经济增长质量评价的性别结构特征（2013 年）……………（57）
表 4-9　经济增长质量评价的性别结构特征（2014 年）……………（59）
表 4-10　不同年龄人群的经济增长质量评价（2013 年）…………（60）
表 4-11　不同年龄人群的经济增长质量评价（2014 年）…………（62）
表 4-12　不同收入水平的经济增长质量评价（2013 年）…………（64）
表 4-13　不同收入水平的经济增长质量评价（2014 年）…………（66）
表 4-14　2013—2014 年不同收入组的经济增长质量年度变动 ……（68）

表4-15	不同受教育程度人群的经济增长质量评价（2013年）……………………………………………	（69）
表4-16	不同受教育程度人群的经济增长质量评价（2014年）……………………………………………	（71）
表4-17	不同受教育程度人群经济增长质量评价的年度变化……	（73）
表4-18	城乡对比的经济增长质量评价（2013年）…………	（74）
表4-19	城乡对比的经济增长质量评价（2014年）…………	（76）
表4-20	经济增长质量评价的城乡年度对比 ………………	（77）
表4-21	不同区域经济增长质量评价的差异 ………………	（78）
表4-22	不同区域的经济增长质量评价（2014年）…………	（80）
表4-23	不同区域经济增长质量评价的年度对比 …………	（82）
表4-24	经济增长质量总指数省市排名（2013年）…………	（82）
表4-25	经济增长质量总指数省市排名（2014年）…………	（84）
表4-26	2013年各省人均GDP排名…………………………	（85）
表4-27	物质福利省市排名（2013年）………………………	（86）
表4-28	物质福利省市排名（2014年）………………………	（88）
表4-29	社会生活省市排名（2013年）………………………	（89）
表4-30	社会生活省市排名（2014年）………………………	（90）
表4-31	个人生活排名（2013年）……………………………	（91）
表4-32	个人生活省市排名（2014年）………………………	（92）
表4-33	对收入增长满意度的排名 …………………………	（93）
表4-34	对消费增长满意度的排名 …………………………	（95）
表4-35	对投资或创业环境满意度的排名 …………………	（96）
表4-36	对本地区教育评价的排名 …………………………	（97）
表4-37	对本地区医疗评价的排名 …………………………	（98）
表4-38	对本地区政府办事效率评价的排名 ………………	（99）
表4-39	对个人闲暇时间评价的排名 ………………………	（100）
表4-40	物质福利评价指标相关系数矩阵（2013年）………	（105）
表4-41	物质福利评价指标相关系数矩阵（2014年）………	（106）
表4-42	社会生活评价指标相关系数（2013年）……………	（107）
表4-43	社会生活评价指标相关系数（2014年）……………	（107）
表4-44	个人生活指标相关系数矩阵（2013年）……………	（108）

表4-45	个人生活指标相关系数矩阵（2014年）	(109)
表4-46	经济增长质量各结构变量的相关系数（2013年）	(109)
表4-47	经济增长质量各结构变量的相关系数（2014年）	(109)
表5-1	变量取值的说明	(137)
表5-2	解释变量主要统计量	(137)
表5-3	人均GDP与经济增长质量	(138)
表5-4	GDP增长率与经济增长质量评价	(140)
表5-5	消费与经济增长质量	(141)
表5-6	第三产业占比与经济增长质量总指数的回归分析	(142)
表5-7	人均GDP对物质福利指数的回归结果	(143)
表5-8	GDP增长率对物质福利指数的回归结果	(144)
表5-9	消费对物质福利指数的回归结果	(145)
表5-10	第三产业比重对物质福利指数的回归结果	(146)
表5-11	人均GDP对社会生活指数的回归结果	(147)
表5-12	GDP增长率对社会生活指数的回归结果	(148)
表5-13	消费对社会生活指数的回归结果	(149)
表5-14	第三产业比重对社会生活指数的回归结果	(151)
表5-15	人均GDP对个人生活指数的回归结果	(152)
表5-16	GDP增长率对个人生活指数的回归结果	(153)
表5-17	消费对个人生活指数的回归结果	(154)
表5-18	人均GDP与区域的交互效应分析	(156)
表5-19	消费与区域的交互效应分析	(157)
表5-20	消费与区域的交互效应分析	(158)
表5-21	城乡分组回归结果（1）	(159)
表5-22	城乡分组回归结果（2）	(160)
表5-23	收入估计值的城乡对比	(161)
表5-24	经济增长质量总指数的分组回归	(162)
表5-25	物质福利指数的分组回归	(163)
表5-26	社会生活总指数的分组回归	(163)
表5-27	个人生活指数的分组回归	(164)
表5-28	人均GDP在区域间的参数估计值差异	(165)

概　　论

　　经济增长要速度更要质量，是我国经济增长的基本政策取向，尤其是在首届中国质量大会上，李克强总理提出要"实现宏观经济整体与微观产品服务质量双提高"的发展目标，经济增长质量问题在国家层面得到了更高的重视。基于这一重大现实需求，本书从我国经济增长质量的政策以及经济增长质量的特征性事实为基本出发点，研究了我国从1995年以来所实施的经济增长质量政策为何一直没有解决我国经济增长质量低下的原因，通过政策分析认为我国经济增长质量政策的主要问题是没有建立起对于经济增长质量的科学评价体系，将经济增长质量的目标与手段相混淆，主要通过宏观调控、结构调整等手段来达到提升经济增长质量的目标。通过大量国内外理论研究的文献分析也可以发现，对于经济增长质量的研究主要还是聚焦于经济总量的稳定可持续增长、经济结构的优化、要素投入产出效率的提高以及社会福利水平的改善等客观指标方面，经济增长质量的度量也主要集中于全要素生产率、经济结构的高度化、环境污染水平、消费或收入的增长等方面，现有的研究思路与经济增长质量政策所存在的问题是相似的，那就是没有区分经济增长质量的目标与手段，从规范性的角度来说就是没有科学地界定经济增长质量的内涵。

　　本书的研究肯定了现有的对于经济增长质量目标的研究，那就是要实现经济总量的稳定可持续增长、经济结构的不断优化、要素投入产出效率的不断提升以及社会福利水平的不断改善，但对于经济增长质量的具体内涵提出了新的见解。本书认为经济增长质量的内涵应该从质量的一般性内涵出发，即"质量是一组固有属性满足要求的程度"，是客观与主观的统一体，因而经济增长质量也应包含"固有属性"与"满足要求"两个方面的内容，所谓固有属性就是经济增长的客观指标，包括收入、消费、社会保障、医疗、教育等经济增长所带来的产品或劳务，而满足要求就是老百姓的评价。经济增长的速度很高，但老百姓无法感知，导致人们的收入"被增长"，这是我国经济增长质量不高最为直观的表现。因而，本书引用了一个从质量的学科范式而提出的一个新的经济增长质量概念——经济增长过程中的产品或劳务，满足社会最大多数成员的需要的程度。基于这一定义，本书提出的经济增长质量的评价方法是基于居民的主观感知评价，也就是要通过调查的方式获得，进一步地设计了经济增长质量的指标应包含物质福利（即经济增长对人的收入、消费、居住条件等方面的改善）、社会生活（即医疗、教育、社会保障等社会公共产品的提供）以及个人生活（即个人健康状况、闲暇时间、精神生活等方面）三个评价维度，设计了32个具体的评价指标。

  基于这一评价指标体系，武汉大学质量发展战略研究院在2013年与2014年连续两年在全国范围内进行经济增长质量调查，共收集了1.2万个样本。本书以这一数据库对中国经济增长质量的基本状况以及结构特征进行了分析，数据反映出我国经济增长质量的主要特征是：经济增长质量总体在合格线以上，连续两年均达到了60分的及格线；物质福利是我国经济增长质量的主要短板，虽然我国经济增长的速度较快，但是真正转化为居民收入的部分不高，劳动力报酬在国民收入分配体系中不断下降，这使得居民对于经济增长的物质福利感知程度不高；经济增长质量的评价在东、中、西部地区间递减，这与我国经济增长速度的区域分布恰好是相反的，因而我国欠发达地区经济质量的问题更加突出；城乡之间在社会生活与个人生活两个方面的二元性问题较为突出，这表明随着农村居民收入较快增长，城乡物质福利差异逐步缩小，但是城乡之间的经济增长质量仍有较大差距，其主要原因是农村的公共服务仍然要落后于城市。

  本书还将经济增长质量的主观评价数据与家户个体特征（性别、年龄、受教育程度、收入等）及区域的宏观经济指标（人均GDP、GDP增长率、社会消费品零售总额等）等客观指标进行匹配，利用分层线性回归模型，得到经济增长质量主观指标与客观指标之间的定量关系。回归分析得出的主要结论是：人均GDP对经济增长质量的评价并不显著，而消费者的家庭收入增长对经济增长质量评价却十分显著，这说明了经济增长只有实际地转化成为居民的收入，才能真正地被感知，两者效应的显著差异也表明了我国的人均GDP与个人收入之间存在着较大的差异性；GDP增长率对于经济增长质量的评价存在着显著的倒"U"型曲线效应，即一开始GDP增长率越高经济增长质量的评价越好，而超过一定拐点以后，GDP的增长率效应就变成负的了，这一拐点值约为11%，证明了GDP的增长是经济增长质量的必要条件而非充分条件；经济增长质量的客观指标对于主观指标的影响系数在不同区域间存在着显著的差异，对于中西部地区而言，人均GDP对经济增长质量评价的效应总体为负，而对于东部地区而言这一效应总体为正，但也正跨越由正变负的拐点，这进一步地表明了我国的经济增长存在着速度与质量的差异性。

最后，本书基于实证分析提出的主要政策建议是：建立起以居民感知评价为基础的经济增长质量评价体系，以使得经济增长的成果能够更多地为社会所分享，引导经济增长质量的政策朝着更好地满足社会公众的需要；在区域经济政策中应更注重市场化的建设，改变欠发达地区以经济增长的质量换经济增长的速度的局面；加大对农村地区的公共产品供给，以提升农村居民对社会生活和个人生活的感知，进而缩小城乡经济增长质量的二元性。

本书的主要创新点在于，提出了一个基于居民感知的经济增长质量评价与分析体系，并进行了面向居民的数据采集，基于匹配数据进行了经济增长质量主客观指标之间的定量分析，得到了人均GDP、经济增长率等变量对于经济增长质量评价的影响效应，从而对各个区域政策的制定提供了决策依据。本书的研究内容可为经济增长质量研究的同人以及政策制定者提供数据的参考。

引　言

一　问题的提出

  我国一直以来以 GDP 为核心的经济增长评价体系使得我国经济总量快速增长的同时，也出现了经济增长质量不高的问题。我国经济增长质量不高的主要表现是：经济的结构性问题不断突显，尤其是经济增长中消费的贡献率不足。2013 年我国投资对经济增长的贡献率为 54.4%，而消费贡献率为 50%，与发达国家 70% 以上的消费贡献率差距较大；资源的投入产出效率不高，我国的劳动力产出水平仅为美国、德国等发达国家的 15% 左右，而劳动力的成本却在不断上升，我国的小时工资已经超过了印度尼西亚、菲律宾、越南等邻近国家庭，人口红利已经消失；资源消耗过快，产出效率不高，单位能源所产出的 GDP 为发达国家的 1/4—1/3，与此同时环境污染的压力持续加大，依靠消耗资源和污染环境来获得经济增长的方式受到环境意识不断觉醒的社会公众越来越大的抵制；收入分配差距持续拉大，2013 年我国的总体收入基尼系数已经达到了 0.469[①]，而家庭财产的基尼系数则达到了 0.73。[②] 近年来，我国居民的收入保持持续较快增长，城镇居民人均收入 2014 年为 2.88 万元，年均增长率约为 7%（图 0-1），但是我国居民对收入的感知却在波动性下降，据中国人民银行调查的数据，2009 年收入感受指数为 50.5，2014 年下降为 49.3，这也表明了我国经济增长的主客观指标评价之间的差异在不断拉大。

  以质量来看待我国的经济增长，可以得到我国经济增长质量不高，主要就表现为居民对经济增长的高速度的感知程度不高，出现了收入"被

[①] 数据来源：国家统计局。
[②] 数据来源：北京大学中国社会科学调查中心《中国民生发展报告 2014》。

增长"。基于这一现象，相关学者得出中国经济增长但国民并不幸福的结论①，经济总量的增长与人们的实际福利改善并没有保持同步。经济增长"要速度更要质量"在现实中并没有实现，速度与质量之间并没有形成良好的互补关系，而是替代关系，如何在保持经济增长一定的速度的同时提高经济增长的质量是我国经济发展面临的一个重大问题。

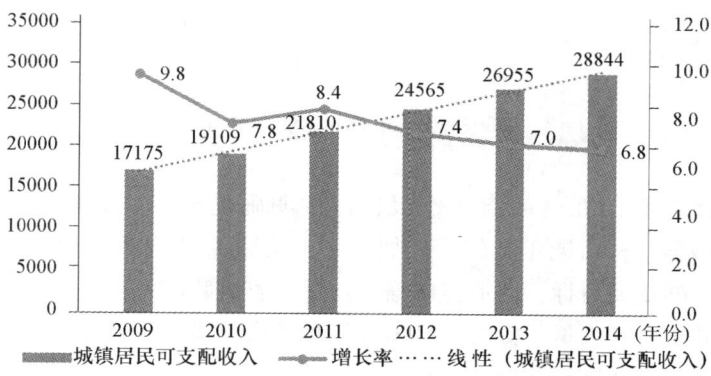

图 0-1 2009—2014 年我国城镇居民收入增长情况

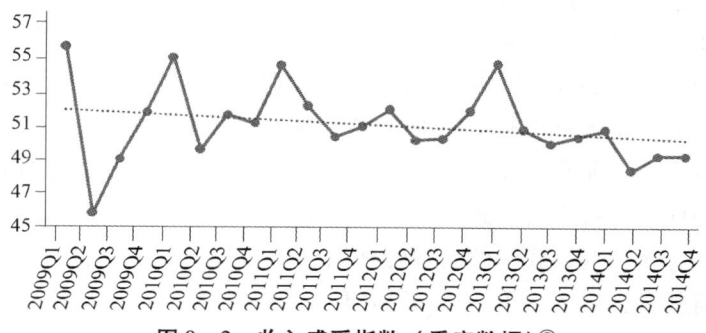

图 0-2 收入感受指数（季度数据）②

---

① 其代表性的观点是陈统奎、刘劲《从 GDP 到 GNH：中国经济增长但是人民并不幸福》（2005）中对中国的 GDP 与国民幸福的分析。

② 数据来源：中国人民银行城镇储户问卷调查，该调查每季在全国 50 个（大、中、小）调查城市、400 个银行网点各随机抽取 50 名储户，全国共 20000 名储户作为调查对象。调查内容包括储户对经济运行的总体判断、储蓄及负债情况、消费情况、储户基本情况四个方面。物价满意指数：反映居民对当期物价满意程度的扩散指数。该指数的计算方法是，在全部接受调查的储户中，先分别计算认为本季物价"令人满意"与"偏高，但尚可接受"的居民占比，再分别赋予权重 1 和权重 0.5 后求和得出。

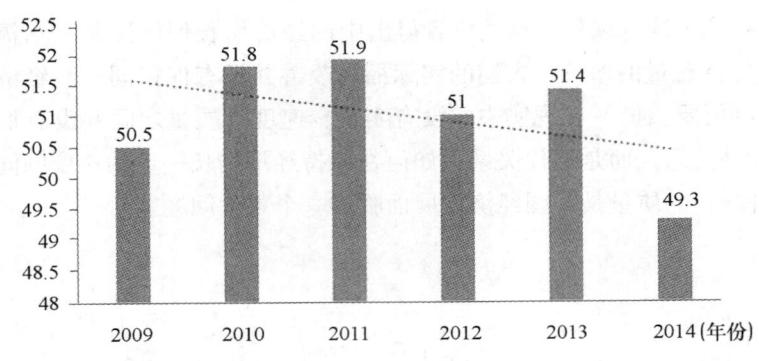

图0-3 2009—2014年收入感受指数（年度数据）

1995年我国在《政府工作报告》中明确提出了"提高经济增长质量"的政策目标，同年党的十四届五中全会也将"提高发展质量"作为深化改革的重要目标，此后经济增长质量一直是我国经济发展政策的重要目标，并出台了大量的提升经济增长质量的政策措施。然而经济增长质量不高却一直是我国经济发展过程中没有完全解决的问题。同一个政策口号提了近20年，实际也表明了这个问题始终没有得到解决，并随着经济形势的发展变化而变得日益复杂。对于这一现象合理的解释，就是我国的经济增长质量政策本身存在着问题。有关学者指出我国经济增长质量不高的主要原因在于计划性的发展体制，以结构调整为主的经济增长质量提升政策其假设前提是政府能够通过政策的干预来实现经济增长质量提升的目标，并没有将企业作为经济增长质量提升的主体，因而不可能真正地实现质量为导向的经济增长方式（吴敬琏，2005）。对于经济增长质量政策更进一步的分析认为，我国的宏观经济增长质量提升政策虽然找对了问题，但却没有找到正确的政策手段，其在理论上的根本缺陷在于没有建立起合理的微观基础（程虹，2014）。经济增长质量微观基础缺乏的主要表现是经济增长质量的评价主体并不是参与经济增长的一个个具体的微观主体，而是总量增长、结构优化、投入产出等宏观经济增长质量，这些指标虽然与微观主体的福利有一定关联，但并不一定是构成微观主体福利提升的充分条件；另外，政策主要是着眼于政府的宏观经济结构调整行为，而没有充分考虑微观的经济主体——主体的内在发展激励，我国产业结构调整、区域经济发展结构的调整等政策措施都是以政府投资驱动的，大量的政府投资挤占了市场主体的空间。因此，我国经济增长质量的政策亟须要建立起扎实的微观基础才有可能取得效果。

构建经济增长质量的微观基础，是目前经济增长质量理论与政策所需要解决的共同问题。在理论上，部分学者已经论证并提出了以居民实际感知为根本导向的经济增长质量评价框架（程虹，2014），在政策层面我国不断将经济增长质量的重点放在改善民生上来，如改善就业与创业的机会、改善住房条件、加大社会保障投入等，提出要实现没有水分的增长。这些理论的探索与实践的呼吁是经济增长质量评价必须从居民感知的角度来进行的重要前提，但从目前的经济增长质量评价指标体系来看，还没有真正将通过居民感知的调查来进行经济增长质量的评价这一方法加以实施，在实践中也还未得出经济增长的速度与质量之间数量关系，从而不能对经济增长质量的政策提出针对性的建议。本课题不仅在理论上探究经济增长质量的评价维度和指标体系，还要从实证上得出我国经济增长质量的主客观指标之间的影响效应，以及不同指标的替代关系，提出经济增长的速度与质量能够协调互补的政策建议。

二　研究内容与主要的创新点

（一）研究内容

从我国经济增长质量政策存在的问题，以及我国经济增长质量的特征性事实出发，界定基本的研究问题——我国经济增长质量低下的理论逻辑是什么。然后，从质量的一般性定义出发，重新确定经济增长质量的概念，提出一个主客观相统一的经济增长质量评价框架，并在此基础上设计经济增长质量的评价指标体系；引用武汉大学质量发展战略研究院于2013年与2014年在全国范围内所进行的经济增长质量调查数据，对我国经济增长质量的现状进行实证性评价，得到基于居民主观感知的经济增长质量的特征事实；然后，建立起经济增长质量评价的决定模型，将经济增长质量的主观评价数据与个人特征数据以及区域宏观经济增长的数据进行匹配，利用分层线性回归模型，得出增长质量主客观指标之间的定量关系，检验客观指标对于我国经济增长质量评价是否存在二次曲线效应，以及在不同的人群、不同的区域间是否存在着显著的差异；最后基于经济增长质量的实证分析结论，提出我国经济增长质量提升的政策建议。

（二）主要的创新点

本书主要在以下两个方面对经济增长质量的研究进行了创新：

1. 基于文献与政策的分析提出了经济增长质量评价的新框架

经济增长质量是一个政策的热点问题，我国从 1995 年就开始提出了经济增长质量提升的政策口号，因而对政策的研究是经济增长质量研究的起点，而目前的经济增长质量研究还没有对经济增长质量的政策进行专门而系统性的研究。本书在对国内外的经济增长质量评价指标体系进行了梳理与分析后，还重点对我国的经济增长质量政策进行了回顾与整理，对我国的经济增长质量政策进行了阶段划分与特征归纳，并从中得出经济增长质量的理论与政策存在着宏微观相分离的问题。从质量的一般性定义出发，重新对经济增长质量的概念进行界定，提出经济增长质量是"经济增长的结果为社会大众所满意的程度"，提出了物质福利、社会生活与个人生活的三维度经济增长质量评价模型。基于质量的基本定义综合了经济增长评价与质量评价的主要指标体系，解决了当前的经济增长质量评价指标侧重于经济增长的某一个方面而过于片面的问题。

2. 对我国的经济增长质量评价进行了实证调查与测评

本书的另一个创新之处是基于一个新的经济增长质量评价框架，在全国范围内进行了连续两年的实证调查，收集了 31 个省区 1.2 万多个样本的第一手数据，得到了我国经济增长质量评价的专门数据库，使得本书的结论能够建立在丰富的实证数据基础之上。基于这一数据库，对我国不同区域、不同人群的经济增长质量感知评价，进行特征化、结构化的分析，从而能够从实证上解释我国居民为什么对经济增长的感知程度不高，以及为什么不同人群和区域间收入在趋同，但对于经济增长质量的评价却有显著性差异的问题。因而，本书研究的另一重要创新在于将经济增长质量研究中，许多不能验证的结果，利用调查数据和实证研究进行了验证性的分析。

第一章 经济增长质量的文献回顾

经济增长质量是面向经济增长实践的问题而提出的研究课题，因而对于我国经济增长质量问题的分析是经济增长质量评价研究的起点。本部分将对经济增长质量评价的主要理论、方法、指标体系和结论进行系统地梳理，并对我国自从完整提出经济增长质量政策口号以来主要的政策措施，并评价其取得的成效与存在的问题。

在对经济增长质量评价文献进行回顾与分析之前，需要对文献回顾的范围进行一定的限定。由于广义的经济增长质量研究几乎与经济增长理论本身是同步的，因而其范围非常广泛，多数关于经济增长质量的研究实际上并没有从广义的角度来分析。为了聚焦研究的主题，本书所回顾的经济增长质量研究文献同样主要是对"经济增长质量"作为一个完整概念被提出来以后的文献。经济增长质量作为一个完整而独立的概念，最早是由苏联经济学家卡马耶夫于1977年提出来的，但其后对这一主题的研究涉及并不多，对这一领域的研究逐步兴盛则是在美国经济学家 Barro 于 1998 年写作《经济增长的数量和质量》（*The Quantity and Quality of Economic Growth*）之后，因此本书文献回顾的范围主要是 1998 年以来的经济增长质量研究。综合已有的经济增长质量研究，理论研究上对于经济增长质量的理解和定义主要分成三个不同的思路，分别是：基于客观指标的评价、基于主观指标的评价以及主客观综合性的评价。

一 基于客观评价的指标体系

客观评价指标体系就是经济增长的"物"的指标，即 GDP、收入、消费、经济结构等与经济产出有关的一些指标，同时也包括了市场经济、自然生态环境等与经济增长密切相关的制度及外部环境指标。早期的经济增长质量评价主要集中于客观指标的研究，将经济增长的质量主要定义为经济增长的有效性。

基于效率的经济增长质量评价。经济增长的质量最早是与效率相关联的，即经济增长要在一定的投入条件下，生产出更多的产出，基于这一角度有大量的经济增长质量评价研究。经济增长理论产生以来，经济增长的数量（GDP）一直是评价其绩效最为主要的指标，萨缪尔森和诺德豪斯在《经济学》教科书中把 GDP 称为"20 世纪最伟大的发明之一"。即使是强调经济发展的发展经济学家也遵循了这一传统，如刘易斯在 1954 年出版的《经济增长》中就认为"经济增长的核心就是人均产出的增长"。可以说，GDP 本身是经济增长质量的重要指标，没有 GDP 作为基础的经济增长质量根本无从谈起，但以数量为核心的经济增长带来了诸多问题，特别是在计划经济国家，经济增长质量的问题尤其突出。在 20 世纪 70 年代的苏联，虽然经济增长速度较高，特别是工业增长取得了巨大的成就，但人们却普遍感知到经济增长的效率不高，表现为经济的投资率太高，而消费率不足，居民消费长期得不到改善，产品数量增长快而质量水平不高，各个行业的过剩与短缺现象十分严重，这使得其经济学家提出经济增长质量的问题。卡马耶夫指出增长质量应包括"产品质量的提高，生产资料效率的提高，消费品的消费效果的增长"①。因此，最早的经济增长质量概念是相对经济增长的数量、速度而言的效率概念。这一研究思路在后来的主流经济学中也得到了延续和发展，经济增长的效率主要是用全要素生产率（TFP）来进行度量，即科技进步对于经济增长的贡献率大小。因而经济增长质量的高低在大多数情形下，可等同于全要素生产率的高低。克鲁格曼对"东亚奇迹"的讨论，虽然没有明确提出经济增长质量的概念，但却是对经济增长质量研究的标志性论文，他认为东亚的经济快速增长主要是靠要素的数量投入来驱动的，而全要素生产率的贡献率极低，因而其增长是不可持续的。我国学者也大量地从经济增长的全要素生产率角度对我国的经济增长质量进行评价。郭克莎（1996）指出经济增长的质量主要包括了四个方面的指标：经济增长的效率（主要是 TFP 的增长率及其贡献率的高低）、国际竞争力（主要表现为产品和服务的质量）、通货膨胀状况以及环境污染状况等，而经济增长的效率被放在核心

---

① ［苏］卡马耶夫：《经济增长的数量和质量》，湖北人民出版社 1984 年版，第 25 页。

的地位，其在度量上采用了以购买力平价来衡量的相对 GDP 的增长速度。徐学敏（1998）、王利等（1999）、周彩云（2009）、刘亚建（2002）、胡鞍钢（2002）、洪银兴（2010）等均从经济增长的效率（全要素生产率）的角度对我国的经济增长质量进行定义和评价。

经济增长的多维度综合性评价视角。经济增长的效率视角是对增长质量的单一维度评价，而更多的学者是从经济增长的多维度视角来评价经济增长的质量，不仅包括重视科技进步的作用，还强调经济增长的成本要低、经济增长的结构更优等方面，因而提出了多元的综合性评价指数。其中较有代表性的有，任保平（2010）所指出的"经济增长质量是经济增长到一定阶段的背景下，经济增长的效率提高、结构优化、稳定性提高、福利分配改善、国民经济素质与创新能力提高，从而使经济增长能够长期得以持续的状态"①，基于此他提出了经济增长质量评价的四维度模型。类似的，牛文元（2011）从经济发展的成本理论来构建"中国 GDP 质量指数"，其所构建的理论是在"自然—经济—社会"复杂系统中，围绕着 GDP 质量生成的"发展度"（数量维）、"协调度"（质量维）、"持续度"（时间维）。胡艺等（2009）基于 GDP 增长本身的视角提出了一个质量评价框架，包括增长的效率、能耗状况、环境压力、平衡性、平稳性等五个方面。傅家骥等（1994）、戴稳胜（1999）以及李岳平（2001）等均提出了其经济增长质量的综合性评价指标。虽然各个学者的评价维度各异，但都具有两个方面的共同特征：一是在评价的客体上主要还是经济的总量增长，只不过扩展了其维度，如从总量扩展到了结构，从注重结果到注重过程，从注重现在到注重未来等方面；二是在评价的维度上相对地比较聚焦，主要集中于增长的可稳定性与可持续性、经济结构的优化、福利分析的公平性、资源环境成本的最小化等方面。

经济增长的非经济指标的评价。温·托马斯（Vinod Thomas）于 2000 年出版《增长的质量》一书以后，学者对于经济增长的质量出现了另一个重要的研究思路就是注重经济增长的非物质方面，包括社会制度的优化、社会发展、精神文化生活等方面。托马斯在该书中指出经济增长质量是"构成增长进程的关键性内容，比如机会分配、环境的可持续性、全

---

① 任保平：《以质量看待增长：对中国经济增长质量的评价与反思》，经济科学出版社 2010 年版，第 57 页。

球性风险的管理以及治理结构",并提出了人类发展、收入增长以及环境可持续性的三维度评价指标。实际上此前已经有大量的从经济增长的非物质方面来研究经济增长质量的基础研究,如根据阿玛蒂亚·森的可行能力理论而提出的人类发展指数(包含人均国民收入、受教育程度、预期寿命三个方面),被大量地引用成为评价一国经济增长质量的指标。增长理论的主要代表学者 Barro(2002)指出经济增长质量"是与经济增长数量紧密相关的社会、政治及宗教等方面的因素",他用政府腐败程度、居民的宗教信仰状况、收入分配的公平性等指标来具体地指代经济增长的质量方面,他认为经济增长的数量与质量并不完全正相关,经济增长必须要更加注重质量方面。正是这一结论,激起了更多的经济学研究者对经济增长质量的研究兴趣。López 等(2008)提出的经济增长质量包括极端贫困的减少、结构性不平等的降低、环境保护以及增长过程的可持续性四个方面,其基本观点是经济增长质量很大程度上受到一国财政政策的影响,基本的理论假设是财政政策对于公共产品的投入有利于提高经济增长质量,而对于私人产品的投入则不利于经济增长质量的提升,因而对于发展中国家来说要实现更高的经济增长质量,主要应该提高财政对于公共产品的投入而减少对于私人产品的干预,如应加快公共基础设施、改善教育条件,而减少用于产品的财政补贴。在经济增长质量客观指标研究的视角之下,国内学者也提出了多个经济增长质量评价体系,如焦艳玲(2000)认为经济增长质量是指一国经济活动整体在资源配置和满足社会需要上的优劣程度,其包括生产能力和效率的提高以及经济效益和社会福利状况的改善等。任保平(2010)提出的经济增长质量指标包括:增长的结果要惠及全体劳动者、社会福利的同步增长、人的发展条件得到改善、经济发展与社会发展相协调。宋斌(2013)则从经济增长的包容性来定义和研究经济增长的质量,他认为经济增长质量主要包括经济成果的创造和经济成果的分享两个方面,只有经济成果能够更加公平地为社会公众尤其是低收入者所分享,经济增长才是有质量的。

二 基于主观指标的评价体系

各种经济增长质量的客观评价归根结底都是从"物"的角度来进行评价的。随着经济学对于人的关注程度不断提升,经济增长质量的评价也日益关注人本身的发展，从而评价的方法也从客观性评价拓展到主观性评价。与经济增长质量客观评价的研究相比，经济增长质量的主观评价相对较少，并没有提出明确的经济增长质量评价体系，因而本书所回顾的经济增长质量主要是列举一些与经济增长质量密切相关的主观性评价指标体系。其主要包括以下几个方面：

生活质量评价。经济增长的目的是为了实现人的全面发展（Sen，1998），因而经济总量（以 GDP 或人均 GDP 作为主要评价指标）的增长只能是经济增长的手段而不能是目的，经济增长质量核心是要提高人的生活质量（程虹，2014）。生活质量从一开始就包含了客观评价与主观评价方面，经济增长即使在物的方面能够获得较高的效率，也不一定能够使得人们的生活水平有显著的提高，因为人的评价具有主观性，只能通过一定的调查才能得到其评价的结果。生活质量的客观评价大致与经济增长质量的客观性评价相同，因此本节主要回顾生活质量的主观性评价研究成果。生活质量的评价将社会学、心理学等学科引入到经济增长的评价中去，其主要假设是物质福利的改善并非人们生活幸福感的充分条件，而只能是必要条件。评价生活质量的指标体系主要有世界卫生组织的生活质量指数调查（Quality of Life）；世界价值观调查对于各国的幸福感和生活满意度调查、不丹的国民幸福指数（Gross National Happiness）等，这些评价体系广泛地包含了健康、工作、家庭、精神、文化、休闲等多个维度的内容。我国也有学者提出生活质量的评价指标体系，如周长城（2006）提出了一个包含工作、休闲、家庭与社会生活、健康、物品与服务的购买、自我发展、公共服务与公共政策等六个维度的主观生活质量评价体系；王培刚等（2007）基于类似评价体系进行了实证性评价。

经济增长主客观指标关系的研究。从主观角度来评价生活质量的学者，重点从主观生活质量与客观经济发展指标（如收入、消费水平）进行了关联分析。他们发现主观的生活质量指标与客观经济发展指标之间并不是线性的关系。Easterlin 等（2007）研究了物质财富的增长与人们主观幸福感变动之间的关系，他们的研究认为从不同国家的截面来看，人们的主观满意与物质财富的增长总体是正相关的，但是从时间序列来看，难以发现物质财富与人们的主观幸福感之间的正相关关系。Kusago（2006）用真实产出指数（GPI）和人类发展指数（HDI）对日本的经济增长质量进行重新界定，他发现这两个指数与人们的主观满意度的相符程度要远高于GDP，并且认为日本的经济增长客观指标与主观指标所度量的经济增长质量正发生着不断变大的差异。这些研究表明，居民对于经济增长结果的感知与经济增长客观指标增长之间的差异在不同层面得到了实证的验证。周长城等（2007）认为高收入并不一定能够带来人们对于生活质量的评价。田国强等（2006）构建了一个标准的经济学分析框架解释收入增长与人的主观幸福之间的关系，认为收入增长对于人们的幸福提升作用具有一定的临界点效应，即在一定的收入水平之下收入增长能促进幸福感的提升，超过某个临界点以后，幸福感并不会随着收入提升而增长，此时提升人们的幸福感知要同时提升收入以及社会公共支出，周长城等（2006）的研究也支持了这类观点。

三 综合性评价指数

单纯的客观指标与主观指标在度量经济增长质量方面各有优劣，客观指标易于量化，但其不能直接地反映人本身的发展状况；主观指标体现了质量的本质属性，能够体现人本的发展思想，但由于其是主观的，测量较为困难，需要进行面向主体的调查获得数据。为了解决这些问题，在实际的评价中，许多评价主体将客观指标与主观指标进行综合加权得到经济增长质量的综合评价指数。如人类发展指数（HDI）除了包含人均国民收入、预期寿命和受教育程度以外，还加入了一个总体生活满意度的主观评价指标（用0—10分评价的量表来度量），由新经济基金会（New Economics Foundation）设立的"更好生活指数"（Better Life Index）的评价指标既包含了居住条件、工作、环境、安全、闲暇时间等客观性评价指标，也包含了生活满意度等主观性指标。我国广东省提出的"幸福广东指数"作为评价地区经济增长的综合性指标，也采用了客观与主观相结合的设计方案，其中客观指标包含就业和收入、医疗和健康、社会保障等10个方面；主观指标包含个人发展、生活质量、精神生活等7个方面。国家统计局从2012年开始设计了一套经济增长质量评价的实际操作指标体系——发展与民生指数评价指标，这一评价体系包括经济发展、民生改善、社会发展、生态建设、科技创新和公众评价，其中前5个方面为客观性指标，而公众评价为主观性指标，可见从官方的经济发展评价来看，主客观相结合的方法也得到了认可,但这一方案仅对客观指标部分进行了数据收集和测评,对于公众评价还未开展。

四 对文献的简要评论

(一)对经济增长质量概念的界定仍然不够清晰

经济增长质量在理论上最早的提出者卡马耶夫曾经将经济增长质量定义为"产品质量的提高,生产资料效率的提高,消费品的消费效果的增长",作为宏观经济增长质量的基础,其最初是建立在微观的产品质量之上的。但是后来的理论分析,包括主流经济学研究领域的一些重要学者,实际上都偏离了这一界定。对于经济增长质量的概念并没有进行深入的界定和解构,不少研究甚至对于"质量是什么"的问题在其研究内容中避而不谈。在对我国经济增长质量的研究文献中,对于经济增长质量的概念界定,也是不甚清晰的,质量只是被简单地理解为"更好"的经济发展结果,而对于"好"与"坏"的标准往往又是主观设定的。在不同的经济增长质量研究中就有不同的度量指标,与经济增长有关的各种因素,包括经济、政治、文化、宗教、环境、主观幸福等多种因素都进入到经济增长质量的评价中。

虽然也有一些学者尝试对经济增长质量进行完整的解构,如钞小静等(2009)具体地分析了经济增长和质量的各自内涵,认为经济增长是指"经济中产品和服务数量的不断增加",质量包含两个方面的含义:"一层含义是用来表示事物的优劣程度,而另一层含义则是指事物的本质与特性",进而把经济增长质量理解为较低成本的经济增长过程和更能够为社会满意的增长结果。从这一定义上可看到,其不仅对于经济增长本身的理解有一定的偏差,对于"质量"的理解更是不够深入。因而从其最终的实证评价指标也可以发现,其与一般性的经济增长质量评价的关键性指标并无实质性差异,主要还是对经济增长中物的指标的评价,并没有落脚到质量的基本定义上来。

以上问题,综合成为一点实质上是经济增长质量还主要是主流经济增长理论的分支,其研究的主体还是 GDP 等经济增长主要客观指标的增长,只不过是要强调其增长要更加低成本、结构更优化和更加可持续。

(二) 在理论上仍主要强调"增长"而未落脚于"质量"

由于经济增长质量的概念界定不清，现有的经济增长质量研究从实质上看，主要还是主流经济增长的分析范式，增长是其研究的重点，"质量"仅仅是作为一个研究的副产品，而不是作为研究的立足点。经济增长质量研究中，狭义的经济增长效率研究作为新古典经济学的研究迹象已经非常明显，如果按照这一经济增长质量的限定，实际上早在1956年，美国经济学家 Solow 对于全要素生产率的研究就已经具有质量的含义，在这一领域内的经济增长质量研究仅仅是在数据或实证上进行了一些新的拓展，而在理论内核上多数可以回归到20世纪50年代的增长理论模型，因此经济增长质量仅谈增长，而未对质量的基本属性作深入研究。

作为综合性的经济增长质量评价研究方案，有不少学者为了明确其研究的主题，在其研究内容中鲜明地提出经济增长质量研究的出发点和落脚点是"经济增长"，也就是虽然其研究的是质量，但最终还是增长的质量，是为了更好地满足增长的需要。在不同的研究中，提出了诸如有效性、稳定性、协调性、分享性等指标，尝试着构建起关于经济增长质量的一个一般性分析框架，但是由于没有统一的、内在逻辑一致的经济增长质量概念，最后进行经济增长质量的评价时又变成了一组逻辑关系不清晰的变量的数量化加总。

正是由于经济增长的理论并没有很好地整合关于"质量"的一般性定义这一问题，现有的经济增长质量研究，在理论上的突破性和创新性不强。

(三) 没有针对经济增长质量评价进行专门的数据调查

经济增长质量问题虽产生于经济增长本身的过程，但是经济增长质量的评价与传统的经济增长评价并不是性质完全相同的问题，需要建立起专门的评价调查数据库。现有的经济增长质量评价文献，主要是利用已有的数据，在研究的结论上就容易回归到一般的经济增长理论框架，技术进步、人力资本、劳动力政策、外商直接投资、金融等影响经济增长的各类要素；甚至于公共服务、基础设施、文化等基础性变量都有可能成为促进经济增长质量提升的关键要素，而这些政策并没有超出国家现有的政策体系，因而研究的实际应用性与操作性不强。导致这一问题的主要原因在于，并没有很好地廓清经济增长质量的内在含义，并提出一个基于主体感知的经济增长质量评价框架。更为突出的问题是，已有的评价指标中，并没有专门地针对经济增长质量的调查数据库。经济增长质量固然可以通过一些客观指标来反映，但是就经济增长质量以人的评价为根本标准这一要求来说，应建立起专门的调查数据库来进行评价。

  基于以上文献分析，可以发现目前的经济增长质量研究在理论上主要是基于新增长理论的范式，核心是突出全要素生产率的作用；在实证研究上，将社会学、心理学等主观幸福感研究纳入经济增长的评价，虽然部分地解释了经济增长质量的问题，但都还是专门针对经济增长质量的评价。因而经济增长质量的研究，在理论与实证上的主要不足在于，没有很好地将经济增长理论与质量评价的理论结合在一起，使得经济增长质量理论并没有建立起科学的体系与范式。即使题为《以质量看待增长》的经济增长质量著作，也并没有对"质量"的本质含义进行深入的解析。为解决理论上的这一问题，一些学者开始基于微观质量进行经济增长质量的构建，如程虹等（2014）提出了一个基于微观产品质量的宏观经济增长质量一般理论，他认为经济增长质量是"一定时期内产品和服务的加总满足社会对于总量可持续增长、经济结构、投入产出效率和社会福利等方面的满意程度"，论述了微观的产品质量与宏观经济增长质量之间的逻辑关系。在评价方法上，程虹（2014）认为老百姓的评价是经济增长质量的根本标准，并且论证了只有建立起基于老百姓的评价，才能驱使政府的经济发展行为以质量为导向，即保持稳定的增长、注重消费的扩大、改善资源利用效率以及注重民生的发展等方面。现有研究文献对于这一理论还没有进行完整的实证分析，2013年武汉大学质量发展战略研究院开始做全国范围内的经济增长质量专题调查，这一调查已连续2年实施，积累了超过1万个样本数据，弥补了经济增长质量研究主观评价数据不足的劣势。本书利用这一数据对我国的经济增长质量状况进行评价，尝试通过深入的数据分析解决我国经济增长质量研究缺乏微观基础的问题，进而得到了我国经济增长质量提升的政策建议。

第二章　我国经济增长质量的政策回顾

经济增长质量评价的根本目的是要解决经济增长质量的政策问题，我国实施与经济增长质量有关的政策有近20年的时间，但一直没有找到经济增长质量提升的有效对策，其主要原因在于没有建立起良好的经济增长质量评价机制。根据已有的政策文献，经济增长质量作为一个整体性概念在政策中被提出来，一般认为是在1995年的政府工作报告以及同年召开的党的十四届五中全会。[①] 因而，本书所回顾的经济增长质量政策在时间维度上是从1995年开始至今。同时，经济增长质量本身是一个内涵丰富的复合概念，与一般性的政策（如农村政策、就业政策、扶贫政策等）有所不同，多数情形下，政府并没有提高经济增长质量的专门政策，本书的主要研究目标是经济增长质量的评价问题，因而本书主要是回顾政策文献中对于经济增长质量的内涵界定，以及各类政策中直接地涉及提升经济增长质量的部分。政策文献的主要来源是历年政府工作报告、中央经济工作会议报告、历次五年规划方案、党的代表大会文件以及国家发展委等综合经济管理部门出台的重要文件。

一　政策文献对于经济增长质量的基本界定

1995年我国在官方文件中首次提出经济增长质量的概念以来，并没有对经济增长质量的专门论述，而主要是在近年来一些领导人的重要讲话中出现了对经济增长质量内涵与外延的说明。2011年的夏季达沃斯论坛

[①] 刘伟等在《中国经济增长报告2013》一书中，以及郭克莎（1996）在《论经济增长的速度和质量》一文也同样认为经济增长质量政策是在1995年提出来的。

上，时任国务院总理的温家宝指出，有质量的增长包括四个方面：全面协调可持续的增长；有科技支撑和高科技含量的增长；低碳、绿色、环保的增长；惠及民生的增长。① 2012年12月在主持召开经济社会发展和改革调研工作座谈会时，时任国务院副总理的李克强提出，经济增长质量包含五个方面内容：一是速度实实在在，不盲目攀比，不要有水分；二是能增加就业，有就业老百姓心里就安稳；三是收入和增长同步，让群众获得好处；四是速度和效益相匹配，没有效益就不可持续；五是能源资源环境可支撑。② 在2013年的夏季达沃斯论坛上，李克强总理进一步地提出：经济增长必须是以提高质量和效益为前提，必须以资源节约和生态环保为支撑，必须以科技创新和技术进步为动力，必须是保证就业和居民收入相应增加的增长。③

在不同场合，对于经济增长质量的表述略有不同，但可以看出我国的经济增长质量有几个共同的关注点：首先，增长的质量是与速度相对应的概念，增长质量问题主要是由于我国在追求过快的经济增长速度而产生的问题，因而注重经济增长质量是我国经济增长从一个以速度为核心转变为以增长质量为核心的时代背景下产生的，增长的质量可以弥补速度一定程度下降的问题，即使经济增长从两位数的高速增长变化为一位数的中高速，只要能够保证更高的质量，也是可以接受的。当然并不是现阶段完全不注重速度而只注重质量，而是强调速度与质量的协调；其次，对经济结构的重视，在关于经济增长质量的不同表述中，可以看到结构调整是经济增长质量最为重要的一个概念，结构调整包括了城乡结构、区域结构、三次产业结构、投资与消费结构等方面，突出了注重城乡平衡发展、区域间协调发展、加快第三产业的发展、努力扩大内需提高消费对于经济增长的贡献率等方面，因而结构在我国的经济增长质量政策中是一个最为重要的方面；再次，对于民生的关注，两任总理对于经济增长质量的公开表述中都直接地提到了经济增长要更注重惠及民生，包括收入的更快增长、就业的稳定性等方面，从这一方面来看，在政策中经济增长质量是从以物为本的发展理念转变为以人为本的发展理念；最后，经济增长质量还突出地强

---

① 转引自中国网，2011年9月4日。
② 转引自凤凰网（http://news.ifeng.com/mainland/detail_2012_12/20/20373472_0.shtml）。
③ 转引自新华网（http://news.xinhuanet.com/2013—09/11/c_117331224.htm）。

调科技与环保方面，即经济增长要通过不断的科技创新来降低对于生态环境的破坏程度。

总之，在政策文件中，经济增长质量是对于传统模式的一种"经济增长方式的转变"：增长的过程从速度向质量转变；增长的目标从以物为本向以人为本转变；增长的动力从要素的规模投入到结构的优化升级转变；增长的手段从低环境成本向更加注重环境保护转变。所有的政策手段与政策目标的设计，均主要围绕着以上几个方面来开展。此外，通过对于经济增长质量内涵的界定可以发现，随着我国经济增长质量问题的日益突出，政府对于提升经济增长质量问题的紧迫性也不断提升，进而对其内涵的认识也不断深入，提出了更为明确的经济增长质量政策目标。特别是在2013年党的十八届三中全，中共中央明确地提出了"完善发展成果考核评价体系，纠正单纯以经济增长速度评定政绩的偏向"的要求，国家统计局作为设计经济增长评价体系的主要负责部门，成立了专门的经济增长质量评价课题小组，提出了"发展与民生指数"作为评价地区经济增长质量的指标体系。

二 经济增长质量政策的阶段性特征

虽然经济增长质量的目标较为聚焦，但是由于发展的阶段性以及所面临的经济形势的差异性，在不同的发展阶段，经济增长质量的政策有着不同的阶段性特征。一般而言，我国改革开放以来经济增长的阶段可以划分为四个阶段（或称为周期）：第一个阶段，1978—1984年，为改革探索时期，经济增长呈现V型波动；第二个阶段，1984—1992年，是体制改革突破期，经济增长呈现W型波动；第三个阶段，1993—2002年，是向市场经济体制转轨时期；第四个阶段是2003年至今，为经济保持高速而较为平稳增长的时期。若从1995年开始考察，则主要覆盖了后两个发展阶段，但自2008年金融危机以来，我国经济增长进入从高速向中高速的发展阶段，经济发展政策也随之出现了较大的改变。因此，本书将金融危机的发生作为另一个时间节点，将后一发展阶段划分为两个阶段，整体上将我国的经济增长质量政策划分为三个阶段。这三个阶段的政策既具有相似性，又具有显著的差异性。

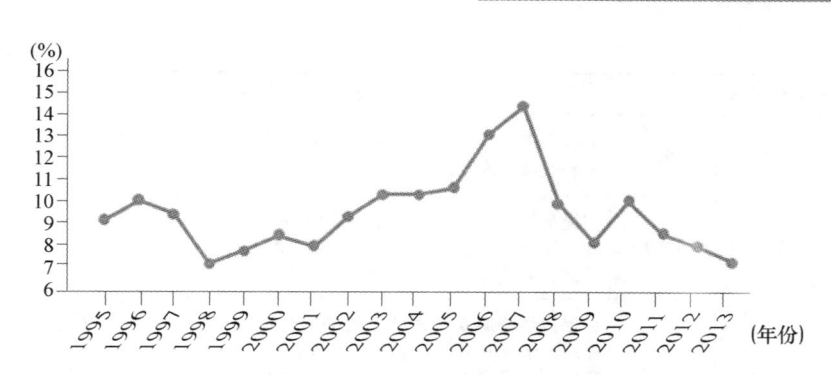

图 2-1　1995—2013 年我国 GDP 年增长率

第一阶段：经济增长质量政策初步提出阶段（1995—2002 年）

表 2-1　　1995—2002 年各政策文献中关于经济增长质量的表述

政策文献类型	年份	关于经济增长质量的表述
政府工作报告	1995	调低经济增长的速度目标"有利于把发展经济的重点转到调整结构、增加效益、提高经济增长质量上来"
	1996	发展要注重提高质量、效益和优化结构
	1998	经济发展要有新的思路，积极推进经济体制和经济增长方式的根本转变，提高经济增长的质量和效益
	1999	经济增长预期为 7% 左右。在优化结构、提高质量和效益的基础上，实现 7% 左右的增长速度并不容易，但是预计经过努力还是可以达到的
	2000	1999 年"国民经济发展质量提高"；工业要"围绕优化结构、提高质量和效益、增强国际竞争力"
	2001	今后五年经济和社会发展的主要目标是：国民经济保持较快发展速度，经济结构战略性调整取得明显成效，经济增长质量和效益显著提高
	2002	坚持实施扩大国内需求的方针，继续深化改革，扩大开放，加快结构调整，整顿和规范市场经济秩序，提高经济增长质量和效益，促进国民经济持续快速健康发展和社会全面进步
五年规划	九五规划	发展要注重提高质量、效益和优化结构，改革要在重点和难点问题上取得突破性进展； 节约资源、降低消耗、提高质量、增加效益的企业经营机制

续表

政策文献类型	年份	关于经济增长质量的表述
中央经济工作会议	1996	采取积极的政策措施,为经济注入新的活力,着力提高经济增长质量和效益,推动改革和建设更好地发展
	1997	在提高质量、效益,优化结构的基础上,保持较快的经济增长速度,保持投资、出口、消费的合理增长,保持宏观经济总量的基本平衡,避免经济发展出现较大的波动
	1998	在保持经济适度快速增长的同时,把工作的着力点放在优化结构、提高经济增长的质量和效益上来; 我们要的是实实在在、没有水分的速度,是协调发展、讲求质量效益的速度; 各地要从实际出发,不搞一刀切,也不要相互攀比速度,坚持速度、结构、质量和效益的统一
	1999	调整和优化经济结构,是促进经济发展、提高经济增长质量和效益的根本性措施
	2001	加快结构调整,整顿和规范市场经济秩序,提高经济增长质量和效益,促进国民经济持续快速健康发展和社会全面进步
	2002	加快经济结构的战略性调整,积极发展农业和农村经济,大力推进新型工业化,促进国民经济持续快速健康发展,实现速度和结构、质量、效益相统一。

在这一时期,我国经济增长的平均速度为8.8%,较前一时期(1984—1994)的增长速度略低,但更为稳定,最低的增长速度为7.3%。因此,这一时期总体上是高速增长时期,而此时经济增长质量的主要问题是,高速增长过程中出现了产品质量不高、市场经济秩序不规范、经济的结构性矛盾开始显现等问题。这一阶段经济增长质量政策的主要特点是:最后,微观领域的质量问题是重要的关注点,1995年《政府工作报告》提出要提高产品质量,不再一味注重产品的数量增长,1995年通过的"经济社会发展第九个五年计划"中提出的经济增长质量概念,也主要是基于微观的企业产品质量而言的,因为其落脚点是通过企业经营机制的改革来提高产品质量。其次,质量和速度的关系问题首次被提出。由于在增长的过程中没有处理好速度和质量的关系,客观上造成了经济增长的速度与经济增长的质量不相容的结果,因而这一时期政策讨论较多的是如何实现有质量的经济增长速度,经济的健康、稳定增长成为经济增长质量的主要代名词。最后,政府的结构调整成为实现经济增长质量的主要手段,其

中1999年中央经济工作会议中提出的"调整和优化经济结构,是促进经济发展、提高经济增长质量和效益的根本性措施",将这一观点表达得最为直接。在1996年、1999年、2000年、2001年、2002年的《政府工作报告》中,以及1997年、1998年、2001年与2002年的中央经济工作会议中均提及了经济结构的优化(或调整)。其中扩大内需是结构调整的重要内容,从1999年开始,中央提出了扩大内需的政策,希望将经济增长的主要动力转移到国内居民消费的增长上来。

总之,这一阶段是我国经济增长关注质量的起步阶段,其主要的目标还是实现数量的更快增长,只不过是要在保证一定的质量的效益上来实现经济数量的增长。

第二阶段:体系化的经济增长质量政策(2003—2008年)

表2-2　　2003—2007年各政策文献中关于经济增长质量的表述

政策文献类型	年份	经济增长质量的表述
政府工作报告	2003	我们注意把各方面的主要精力引导到调整结构、提高经济增长质量和效益上来,努力实现速度与结构、质量、效益相统一;提高产品质量是兴国之道,也是提高经济效益和竞争力的根本之策
	2004	预期增长目标定为7%左右"有利于引导各方面把主要精力放在深化改革、调整结构、提高经济增长的质量和效益上,把更多的财力、物力用在社会发展和加强薄弱环节上"
	2005	科学发展观"进一步明确了发展是硬道理,要以经济建设为中心,注重提高经济增长质量和效益"。 切实把工作重点放在提高经济增长质量和效益上,不要盲目攀比经济增长速度
	2006	推进产业结构调整和优化升级,是转变经济增长方式、提高经济增长质量的重要途径和迫切任务
	2007	今年的重点工作任务是"大力提高经济增长质量和效益。把节约能源资源、保护环境、集约用地放在更加突出的位置,注重提高产品质量,增强经济竞争力和可持续发展能力"
	2008	坚持把发展作为第一要务,着力转变经济发展方式,调整经济结构,提高经济增长质量和效益
五年规划	"十五"规划	今后五年经济和社会发展的主要目标是:国民经济保持较快发展速度,经济结构战略性调整取得明显成效,经济增长质量和效益显著提高
	"十一五"规划	发展必须是科学发展,要坚持以人为本,转变发展观念、创新发展模式、提高发展质量,落实"五个统筹",把经济社会发展切实转入全面协调可持续发展的轨道

续表

政策文献类型	年份	经济增长质量的表述
中央经济工作会议	2003	坚持扩大内需的方针,继续实施积极的财政政策和稳健的货币政策,保护好、引导好、发挥好各方面加快发展的积极性,切实把工作重点转移到调整经济结构、转变增长方式、提高增长质量和效益上来,实现国民经济持续快速协调健康发展和社会全面进步
	2005	着力加快改革开放,着力增强自主创新能力,着力推进经济结构调整和经济增长方式转变,着力提高经济增长的质量和效益,实现又快又好发展
	2006	就是要坚持以科学发展观统领经济社会发展全局,切实把科学发展观落到实处,努力实现速度、质量、效益相协调,消费、投资、出口相协调,人口、资源、环境相协调,真正做到又好又快发展
	2007	继续加强和改善宏观调控,积极推进改革开放和自主创新,着力优化经济结构和提高经济增长质量,切实加强节能减排和生态环境保护,更加重视改善民生和促进社会和谐,推动国民经济又好又快发展

经济增长质量政策的第二阶段与前一阶段相比,我国经济增长的速度更快,年均达到了11.6%,但经济增长的质量问题更加突出,我国依靠低劳动力成本和要素资源价格而支撑的经济增长模式,在2008年的全球性金融危机中面临着巨大的挑战,使得我国经济增长受到了重大的影响,经济增长质量问题也日益突出。这一时期在政策层面,对于经济增长质量内涵的理解更为丰富,且形成了一定的体系。这一时期提出来的"科学发展观"从某种意义上说,就是对于经济增长质量政策的一个完整表述。这一时期经济增长质量政策的突出特点是:

第一,在政策体系上表现得更为完整,经济增长质量不再只是一个口号,而是一个有系统理论体系支撑的政策,如科学发展观所提出来的"五个统筹"理论,就是经济增长质量的主要内容。

第二,在政策目标上,较前一时期已经有了较大的扩展,资源节约、产品质量提升、保护环境等已经开始不断地被加以重视,被列入到经济增长的目标体系中去,而不仅仅是一个口号,如为降低能耗、提高资源的利用效率和经济发展的可持续性,2005年国家开始出台专门的节能减排政策。

第三,在经济增长质量的理念上,开始出现了数量主导向质量主导的转变。2005年我国经济发展的总体思想是要实现"又快又好"发展,而到了2006年开始,已经转变为"又好又快",好即代表经济增长的质量方面。因而从速度与质量的关系上来看,这一时期的政策已经开始将经济增长的质量作为经济增长的首要目标,增长的速度目标排在质量目标之后,这一转变被认为是我国经济增长从速度向质量转变的一个重要标志。

第三阶段:更加注重民生的经济增长质量政策(2009—2014 年)

表 2-3　　2009—2014 年各政策文献中关于经济增长质量的表述

政策文献类型	年份	经济增长质量的表述
政府工作报告	2011	大力推进经济结构调整,提高经济增长质量和效益。我国经济增长预期目标是在明显提高质量和效益的基础上年均增长 7%
	2012	引导各方面把工作着力点放到加快转变经济发展方式、切实提高经济发展质量和效益上来,以利于实现更长时期、更高水平、更好质量发展
	2013	以提高经济增长质量和效益为中心,深化改革开放,实施创新驱动战略,稳中求进,开拓创新,扎实开局,全面推进社会主义经济建设、政治建设、文化建设、社会建设、生态文明建设,实现经济持续健康发展和社会和谐稳定
	2014	着力保障和改善民生,切实提高发展质量和效益
五年规划	"十二五"规划	加强财政、货币、投资、产业、土地等各项政策协调配合,提高宏观调控的科学性和预见性,增强针对性和灵活性,合理调控经济增长速度,更加积极稳妥地处理好保持经济平稳较快发展、调整经济结构、管理通胀预期的关系,实现经济增长速度和结构质量效益相统一
中央经济工作会议	2009	坚持扩大内需的方针,继续实施积极的财政政策和稳健的货币政策,保护好、引导好、发挥好各方面加快发展的积极性,切实把工作重点转到调整经济结构、转变增长方式、提高增长质量和效益上来,实现国民经济持续快速协调健康发展和社会全面进步
	2012	以提高经济增长质量和效益为中心稳中求进扎实开局; 提高城镇化质量; 2013 年中国要继续坚持"稳中求进"的总基调,以提高经济增长质量和效益为中心,实施积极的财政政策和稳健的货币政策
	2013	围绕科学发展这个主题和加快转变经济发展方式这条主线,围绕提高经济发展质量和效益这个中心

在这一时期,虽然对于经济增长质量的内涵表述没有发生实质性的变化,仍然主要是关注于结构调整、扩大内需等方面,但是在实际的政策操作层面上出现了一些新的变化:

第一,民生的目标被放到了尤其重要的位置。这一时期我国经济增长的主要结构性问题是居民收入增长慢于 GDP 以及财政收入的增长,长期以来依靠政策刺激的经济增长对于人们的实际生活质量改善作用不明显,尤其是2008年全球金融危机以来，我国经济增长的传统动力在不断减弱，经济的数量增长本身也面临困难。如何改善民生成为这一阶段经济增长质量政策的重中之重。

第二，对于经济增长质量首次有了较为完整的表述。自从1995年提出经济增长质量这一概念以来，我国的政策文件（包括重要的讲话）中一直没有明确经济增长质量是什么，而在这一时期，两任总理先后较为完整地表述了经济增长质量（或称为"有质量的增长"）的定义与内涵。这表明，我国的经济增长质量政策，在早期并没有比较深入的理解，实际上大量的政策出台制定并没有针对性，使得经济增长质量政策往往流于形式。这一时期，随着对于经济增长质量定义与内涵的进一步明确，政策的制定也有了更为明确的方向。

第三，对于经济增长质量的重视程度有了极大的提升。首先表现为政府为了提高经济增长质量，加大了自身改革的措施，提出了"发挥市场的决定性作用"，随后政府不断地减少行政审批事项，强调激活微观主体的活力。党和国家领导人对于经济增长质量问题也十分重视，2014年5月习近平总书记提出了"从中国速度向中国质量转变"；9月在首届中国质量大会上，李克强总理又提出推动中国进入质量时代，以及实现"宏观经济总体和微观产品服务质量的双提高"。这些都表明，经济增长质量的政策从理念越来越转变为政府的行动。

三 我国经济增长质量的主要政策手段

前一部分所回顾的我国经济增长质量政策内涵与阶段，主要是从政府的发展理念的角度对经济增长质量政策进行概述，本部分将研究基于这些政策的理论我国有哪些方面具体的政策手段。所谓政策手段是指为了落实和实现经济增长质量的政策理念和目标而制定的具体的政策措施、方案、路线等，这些手段主要包含了政府及其专业管理部门制定的政策、条例、法律、法规等文件。归纳起来，我国的经济增长质量政策手段主要有以下几个方面：

（一）设置行政审批门槛

政府通过设定行政审批目录或许可程序来对经济结构进行调控。根据最新的《政府核准项目管理办法》①由政府审批的项目需要满足以下条件：符合国家法律法规和宏观调控政策；符合发展规划、产业政策、技术政策和准入标准。因此，政府的产业发展目录具有直接的调控性质。自我国提出经济增长质量的目标以来，出台了大量的进入许可和产业发展目录，既有限制性的也有鼓励性的。国家发改委与商务部通过制定《产业结构调整指导目录》，对具体的产业结构进行调整，对于不同区域的产业，在财税、金融、土地、进出口等政策方面区别对待，一般而言包含了鼓励、限制和淘汰三大类项目。与此类似的手段还有：《当前国家重点鼓励发展的产业、产品和技术目录》、《外商投资产业指导目录》、《国家重点节能技术推广目录》等。其中《产业结构升级指导目录》2005年首次颁布；2011年作了第一次修订。《外商投资产业指导目录》于1995年首次发布；2007年作了第一次修订。2005年至今由国家发改委公布的国家级产业发展目录（及其相关规定）为232个，主要包含投资准入、企业生产资格、区域发展、生产技术和工艺的调整等方面。

（二）政府的直接投资

政府投资是我国投资中极为重要的组成部分，政府通过其掌握的投资资源来直接调控经济的结构，达到改善经济增长质量的目标。如2008年9月为应对金融危机对我国可能造成的经济下滑风险，政府出台了一揽子经济刺激计划，中央政府在两年内的投资额约为4万亿元，这既是经济增长的一般性政策，同时也是政府主导的经济增长质量政策。这4万亿元投资主要用于改善民生的保障性安居工程、重大基础设施建设、农村基础设施投资、生态环境改善等方面，通过政府的投资既拉动内需又达到调整经济结构的目的。据统计，1996年至2010年政府投资占GDP的比重平均为13%；2010年为17.3%。②

（三）立法手段

相较于直接的行政审批和政府投资政策，立法是一种更为严格的经济增长质量调控政策，将经济增长质量的调控目标以法律条款的形式加以规

---

① 《政府核准项目管理办法》，国家发改委官方网站。
② 刘立峰：《政府投资规模的统计分析》，载《宏观经济管理》2012年第3期。

定。经济增长质量调控立法手段的一个重要特征是大量地需要标准的介入，用以规定宏观调控的目标，因此政府所颁布的标准也具有经济增长质量政策的属性。此外，也有相关的法律来保护或鼓励某些产业的发展。如为了促进民间投资，激发市场活力，我国于2002年发布了《中小企业促进法》。2008年我国颁布了《就业促进法》，用以进一步解决我国的就业问题。2003年出台了最低工资标准，用以保障劳动者的收入水平。2012年颁布了《质量发展纲要（2012—2020）》。2003年至今国家发改委还制定了具有法律性质的各类与经济增长质量有关的管理办法、条例、政策等500余项。这些法律的制定是为了使经济增长质量的提高更具有固定性和稳定性，降低行政手段的不确定性。围绕着我国所提出的经济增长质量的主要目标，即总量稳定可持续增长、经济结构的优化、保护资源环境和改善民生四个目标。

四 我国经济增长质量政策的主要特征

（一）质量被视为一个与数量相对应的调控概念

我国从1995年在政策文件中首次完整地提出经济增长质量的概念以来，其一直是被当成一个经济发展的调控指标。这一指标是与经济的总量相对应的一个概念，而在大多数情形下，经济结构又是经济增长质量的一个核心指标。因此，从1995年至今的近20年间，提高经济增长质量的核心任务，就是经济结构的调整。这种结构调整，包含了十分宽泛的内容，如收入分配结构、投资消费结构、经济的所有制结构、地区经济结构、三大产业结构、城乡结构等。历次文件中对于经济增长质量的表述，也可以体现质量是与数量相对应的一个概念，如2003年的政府工作报告提到，"预期增长目标定为7%左右，有利于引导各方面把主要精力放在深化改革、调整结构、提高经济增长的质量和效益上"。调低经济增长的速度，是为了更好地提高经济增长的质量。即便如此，质量与数量并不是一个替代的概念，中央政府在十分谨慎地对待经济的总量增长，强调"在提高质量、效益，优化结构的基础上，保持较快的经济增长速度"，实现"又快又好"发展，再到"又好又快"发展。在政策表述上，将质量提到了一个高于数量的地位，而实际上质量目标并不总是领先于数量扩张目标。因而，经济增长的质量从根本上还是落脚于经济增长的数量层面。

(二) 经济增长质量的方式主要是政府的宏观调控

从完整提出经济增长质量概念开始，政府就一直强调要通过完善的宏观调控手段来实现结构调整的目标，因此在政策层面上经济增长质量的目标从一开始就是一个宏观概念，在所有的有关提高经济增长质量的政策选择中，大部分都提到了宏观调控与结构调整。虽然政府在不同的年份中，强调了宏观调控主要是通过法律的、经济的手段来实现，辅之以必要的行政手段，但从实际来看，政府通过行政手段直接的宏观调控仍然占据非常重要的地位。从目前的政策文件来看，政府的宏观调控包含的内容非常宽泛，如对高新技术产业的支持政策、对低收入人群的转移支付、地区间的转移支付、对落后产能的行政性关停并转、对农业的补贴、对房地产的调控等。政府对于经济增长质量目标，主要是为了抑制通货膨胀、增加就业、保持经济稳定快速增长等目标。基于这些目标而实施了一些具体的结构调整措施。

(三) 扩大内需是经济增长质量的主要政策目标

经济增长质量的核心任务，从结构调整这一较为宽泛的目标逐步地转移到对扩大国内消费需求这一较为具体的目标上来。这一转变主要是由于国际经济增长放缓，依靠出口来驱动我国经济增长面临不稳定性的风险，同时也是因为我国的国内消费需求长期不高，对于经济增长的贡献率较低。因此从1999年开始，经济增长质量提升的政策主要转移到提高国内需求，尤其是国内消费需求上来，围绕这一目标，政府连续采取了一系列的支撑性政策：减轻农民负担增加农民收入，提高中低收入者的收入，加大对落后地区的发展投入，完善医疗、养老等社会保障，整顿市场经济秩序，改善消费环境，发展消费信贷，提高产品质量等。扩大内需的主要目的在于，提高消费需求在促进经济增长中的贡献率，同时经济增长的成果能够更好地为社会公众所享有。

五 我国经济增长质量政策效果评价

自从我国提出经济增长质量目标以来，政府采取了大量的提升经济增长质量的宏观调控措施。总体上看，这些政策在短期内取得了一定的成效,但是就长期来说,依靠宏观调控来实现经济增长的质量不具有可持续性,随着时间的推移,政策对于经济增长质量的效应在递减,经济增长质量的结构性问题经常出现反弹。以下从能源消耗、收入分配、消费增长以及经济结构等几个方面来说明政府宏观调控的政策效果。

（一）能源消耗状况

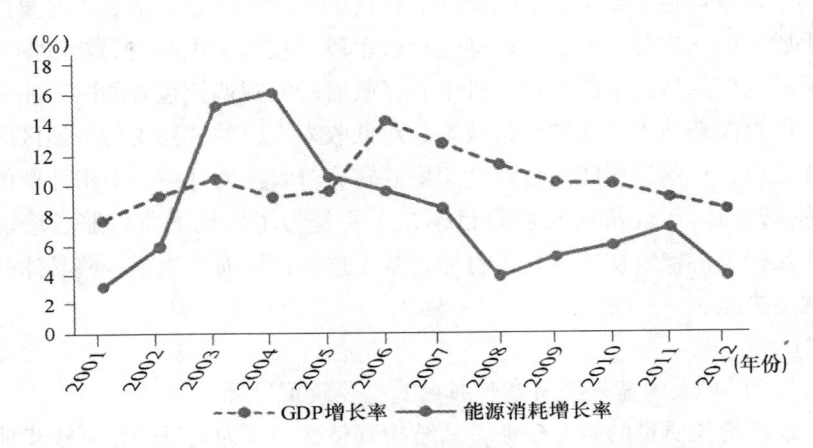

图 2-2　2001—2012 年 GDP 增长率与能源消耗增长率对比

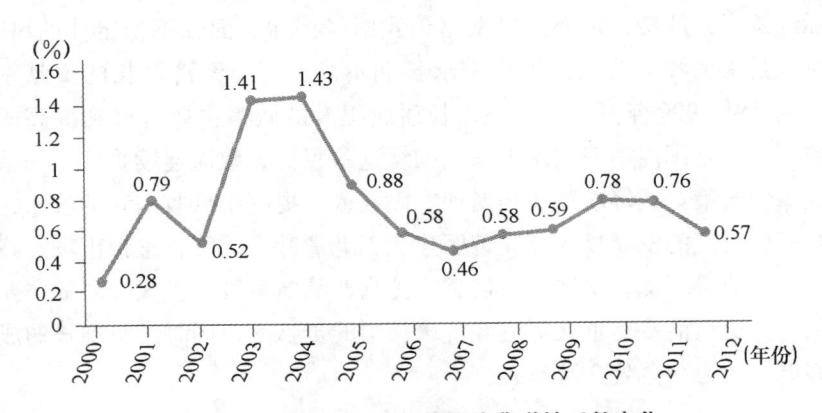

图 2-3　2000—2012 年能源消费弹性系数变化

注：能源消费弹性系数是指能源消费增长率与产出增长率之比,该系数越小代表经济增长所需要的能源代价越低,数据来源于国家统计局官方网站。

以上两组数据从 GDP 增长率与能源消费增长率,以及能源消费弹性系数两个指标来比较我国通过"节能减排"政策来提高经济增长质量的政策效果。政府工作报告中从2005年开始明确地提出"节能减排"的措施，到2006年开始正式实施，出现了能源消费增长率以及能源消费系数的明显下降，并且扭转了2006年之前能源消费增长率高于GDP增长率的局面。但是，这一变化主要是依靠政府的行政力量以及大量的财政投入为前提的，整个"十一五"期间，政府用于节能减排的投入达到2000亿元，带动地方政府的节能减排投入约1.6万亿元。数据表明这一政策对于节能减排并不具有可持续性，随着政府财政投入的减少，能源消费有所反弹。从2008年至2011年间，GDP增长率在下降，但能源消费率在上升，同时能源消费经常性也在逐渐上升，能源消耗的增长率有超过经济增长率的趋势。这表明，通过政府的以行政力量为主导的经济增长质量调控政策，在短期内取得了一定成效，但从长期来看并没有从根本上解决能源消耗的结构性问题。

（二）城乡差距状况

为了提高经济增长的公平性，以及配合扩大内需政策的实施，我国实行多种收入分配调节政策，包括实施最低工资规定、加大对农民的补贴、加大区域间的转移支付、增加就业、调整税收结构等。这些政策虽然在一定程度上缓解了收入分配差距扩大的问题，但是依然没有从根本上解决收入分配差距较大的问题。

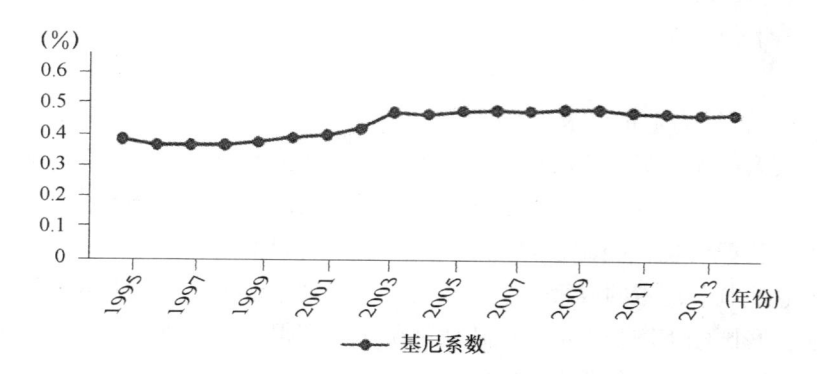

图2-4 1995—2013年我国基尼系数的变动

数据来源：世界银行官方网站。

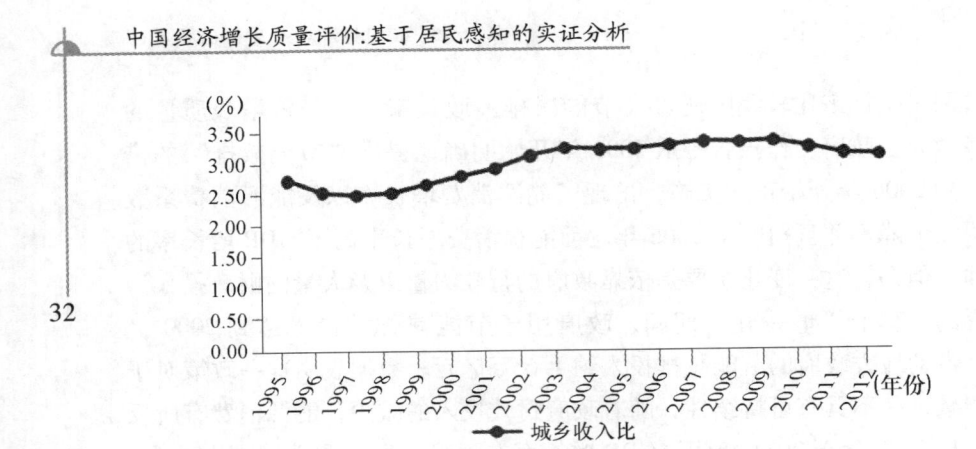

图 2-5 1995—2012 年我国城乡收入比的变动趋势

从以上统计数据可以看到，虽然我国历年来都非常重视通过提高中低收入者的收入来改善经济增长的质量，每年的政策重点中都有通过各种结构调整措施来改善收入分配的差距，但是从实际实施的效果来看，收入分配差距问题仅仅在短期内得到了一定程度的缓解，没有从根本上扭转收入分配差距扩大的趋势。我国的基尼系数——衡量社会财富分配不平等状况的主要指标，从 1995 年的 0.39 提高到了 2013 年的 0.473；从 2008 年的峰值 0.491 开始有略微的下降，但仍然一直处于 0.40 的国际警戒线以上。城乡收入比从 1995 年的 2.71 上升到 2009 年的 3.33，之后缓慢下降至 2012 年的 3.10。以上说明，我国宏观经济政策中调节收入分配差距的政策对于真正提高中低收入者的收入，降低社会收入分配不公的状况所起的作用是十分有限的。

(三) 国内消费需求的实际增长状况

政策调控经济增长质量的另一个重点在于扩大消费需求，提高消费在经济增长中的贡献率，采取了诸如提高居民收入、加大社会保障投入、改善市场消费环境、控制价格过快上涨、调控房地产、发展消费信贷等措施。这些刺激消费的政策对于消费增长，起过一定的作用，但从实际效果来看，我国经济增长中的投资依赖症仍然没有得到彻底改变，消费对于经济增长的作用并不稳固。

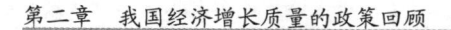

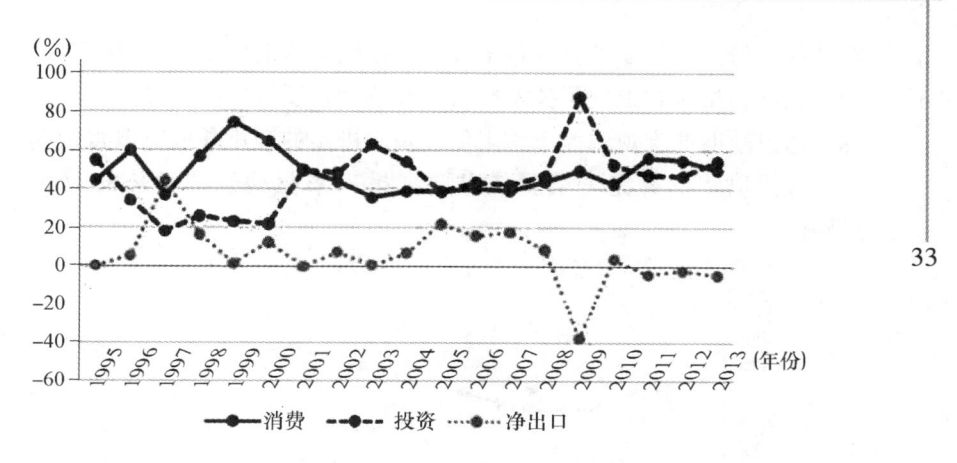

图 2-6 1995—2013 年三大需求对于 GDP 增长的贡献率

统计数据显示，在 1999 年我国首次提出扩大内需政策后，消费对于 GDP 的贡献率出现了较大增长，达到了 74.7% 的峰值，但随后不断下降，之后稳定在 40%—50% 之间，在大部分年份要低于投资对 GDP 的贡献率。我国的国内消费对于 GDP 的贡献率，不仅总量上低于发达国家 70% 左右的平均水平，而且即使在国家大力采取各种刺激消费的政策前提下，仍然增长乏力。这表明，通过宏观调控政策来改善投资—消费结构，提升国内消费需求对于经济增长的贡献率的政策努力也没有达到预期的效果。国内消费需求不足一直成为限制我国经济增长质量提升的一个重要问题。

（四）全要素生产率

总结我国历年政策还可以发现，提高经济增长质量的另一个结构调整方向就是不断提高科技进步，提高技术创新在我国经济增长中的作用，将技术进步作为转变经济增长方式的一个政策重点。衡量技术进步对于经济增长贡献率的一个通用性指标就是全要素生产率（TFP），它代表了经济中除了劳动力、资本等要素投入以外，其他要素对经济增长的贡献率大小，TFP 中包含了技术进步、管理、人力资本等多种要素，一般而言主要是技术进步要素。从权威的统计数据上看，我国通过宏观调控政策来促进技术进步与技术创新的政策，使我国的 TFP 有了一定程度的增长，特别是在 1998—2007 年之间，这一增长是持续的，表明经济增长的集约化程度在提高。但是，也应看到我国的 TFP 增长是缓慢的，且是不稳定的，在某些年份出现了零增长或负增长,且在绝对值上与发达国家还有很大差距。因此,虽然意识到了技术要素在经济增长质量中的重要作用,但是实际上通过政府的宏观调控措施来促进技术进步的政策并没有取得预期的效果,我国仍然没有完全摆脱依靠要素投入来驱动经济增长的旧的发展道路。

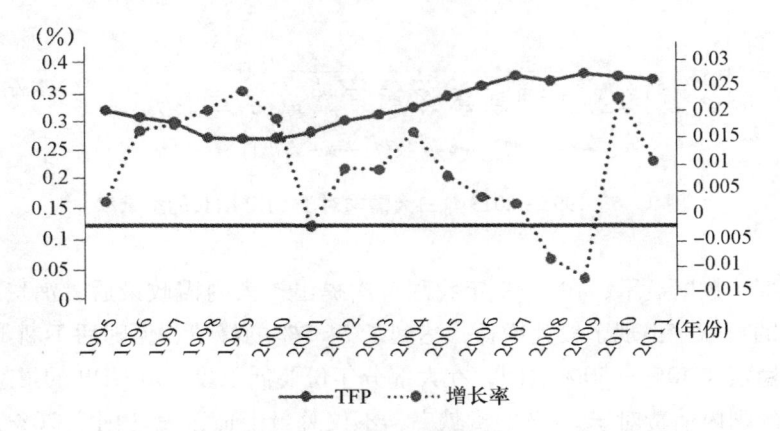

图 2-7 1995—2011 年我国全要素生产率的变动

注:TFP 数据来源于美国宾州州立大学世界表(PWT8.0),图中 TFP 的数值是与美国各年度 TFP 的相对比值,因此该数值仅具有趋势性参考意义,不具有绝对意义;增长率代表的 TFP 在不同年度之间的相对增长率。

通过以上不完全的数据分析可以发现,我国通过有针对性的结构调整政策来直接地促进经济增长质量的提升,有一些在短期内取得了一定的效果,有一些效果并不明显,而从长期来看,并没有取得预期的结构调整目标。经济增长质量的提升,在当前和未来依然是我国经济发展所面临的一个巨大挑战。

六 对我国经济增长质量政策的一般性评论

从政策效果评估来看,我国实行经济增长质量的政策近 20 年以来,经济增长质量并没有取得实质性提高,政策所提出来的经济总量的稳定性、国内消费需求的扩大、资源的投入产出效率的提升以及民生的不断改善等经济增长质量目标的实现仍有很大的差距。政策分析表明,我国经济增长质量一直被政府所强调却没有从根本上得到转变的主要原因在于：对于经济增长质量的理解上仍然是一种宏观的思路，并没有建立起良好的微观实现机制。所谓微观实现机制，一方面要激励微观主体主要是企业以经济增长质量为目标的内在发展动力，没有发挥企业的主体作用，这是导致我国经济增长质量不高的根本体制性原因（吴敬琏，2005）；另一方面是评价指标的问题，质量客观与主观评价相统一的评价指标，而我国的经济增长质量所定位的目标仍然是以经济总量、结构等客观性指标为主，而来自于微观主体的质量感知评价。导致这些问题进一步的原因又在于，我国经济增长质量的评价体系还没有根本转变过来，老百姓的评价并不能成为宏观经济增长质量的决定性因素。

经济增长质量作为宏观经济现象是一个宏观的概念，但是其政策的制定离不开相应的微观基础。长期以来依靠政府结构调整的经济增长质量的宏观思路，其效应在不断下降，一些原有的经济增长结构性问题并没有得到根本的改善，对于我国长期经济增长造成了极大的障碍。因而我国经济增长质量的政策亟待转变，而支撑这一转变的根本前提，就是要建立起基于居民感知的经济增长质量综合性评价指标。

第三章　基于感知的经济增长质量评价指标设计与数据获取

为解决经济增长质量的评价问题，本部分首先对于经济增长质量的基本定义进行界定，然后提出经济增长质量提升的基本理论假设，再基于这些假设提出经济增长质量评价的指标体系，进而在此基础上进行数据的收集与整理。

一　经济增长质量的一个新定义

经济增长质量需要从"经济增长"与"质量"两个层次来加以定义。根据目前较为权威的关于质量的定义，质量是指"一组固有特性满足要求的程度"（ISO，2000），因此其包含了两个层面：一是固有属性层面，它是客观的，可以用一些具体指标来衡量的；二是主观层面，即满足要求的程度，不能完全通过外在的指标来度量，而只能通过主体的感知来评价。从这一定义出发，经济增长质量也包含了两个方面：一方面是经济增长的客体，即固有属性方面，是指经济中所生产的产品和劳务的总和，其可以由GDP、产业结构、增加值、技术进步率等客观性指标来衡量；另一方面是经济增长的主体，即满足社会要求的程度，主要是指经济增长的结果给人带来的满意程度，其只能通过居民的感知来测度。

基于此，本书提出经济增长质量是指"经济增长的结果对于社会的个体发展带来的满足程度"。对经济增长质量的这一定义与发展经济学对经济发展目标的论述是一致的，对发展经济学理论产生重大影响的经济学家森提出"发展是为了不断地扩展人们可珍视的自由的能力"（Sen，1998），也就是经济的发展是为了能够使得人的可行能力的不断扩展，这种可行能力的具体内容可能是随着文化以及发展阶段的不同而有所不同，但基本的可行能力包括免于饥饿、住房、医疗、教育、公平地参与社会公共事务等方面，他认为经济增长本身不是目的，而只是手段，只有人的可行能力的不断扩展才是经济发展的根本目的。因此，经济增长的数量与质量也是手段与目的的关系，经济增长的数量或速度只能是服务于经济增长质量，以不断提高居民的满意度为根本目标，这是经济发展到一定阶段以后的必然结果。因此，质量的一般性定义决定了经济增长质量的评价也应落脚于居民主体的主观评价。基于此，可以构建以下经济增长质量三维评价体系（图3-1）。

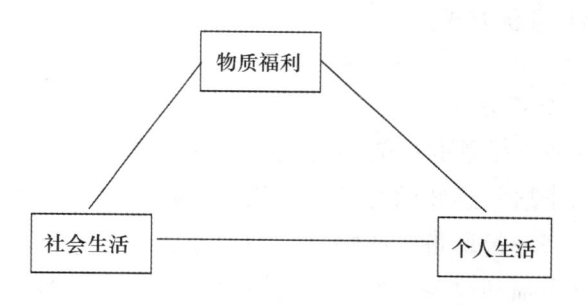

图3-1 经济增长质量三维评价模型

二 基本理论假设与指标体系构建

（一）理论假设

经济增长质量评价的目的是为了从实证上得到符合其逻辑内涵的评价结果，为我国的经济可持续与健康发展提供现实的决策依据。基于经济增长质量的规范性定义，本书的主要理论基础是可行能力理论，其基本观点是医疗、教育等可行能力不仅是经济发展的目的而具有建构性意义，而且其也能够促进经济发展而具有工具性意义。基于此所提出的基本假设是：

经济增长的质量是经济发展的根本目标，经济增长质量必须以居民的主观评价为主要依据。经济增长的数量是指一国所生产的所有产品和服务的市场价值的总和,其是提高人民生活水平和生活质量的重要前提,没有离开数量的经济增长质量,然而经济增长的数量并不是经济增长质量的充分条件,而只是必要条件。按照可行能力理论,一个国家经济发展的最终目的是要提高人的发展机会与发展能力,而对于这种质量状况的评价应根据人们的主观判断来得到。

基于居民感知的经济增长质量评价能够促进政府的经济增长质量。森认为,人的可行能力与自由的扩展不仅不会有损于经济的增长,反而是经济增长的重要手段。因而经济增长的质量方面,即人们对于经济增长结果满意程度的不断提高的目标不会损害经济数量的增长,而且将有助于经济增长数量保持更为稳定和可持续的增长。我国之所以在近20年来,没有从根本上解决经济增长质量不高的问题,主要原因也在于没有改变以数量导向的经济增长评价方式。

（二）指标体系设计

基于经济增长质量的一般性定义,武汉大学质量发展战略研究院提出了一个基于居民感知的经济增长质量指标体系,具体而言经济增长质量是指经济增长所带来的物质福利与非物质福利的改善两个大的方面,在非物质福利改善方面进一步可分为社会生活与个人生活的改善两个方面。其中物质福利主要是指居民对经济增长所带来的物质生活条件以及机会改善的评价,包括收入、消费、物价、就业等9个方面的指标;社会生活主要是指居民对重要的社会公共服务提供以及个人的社会地位等方面的评价,包括教育、医疗、社会保障等9个方面的指标;个人生活是指居民对个人的家庭和精神文化生活状况的评价,包括闲暇、精神文化生活、家务劳动等6个方面的指标。最终经济增长质量指标体系由物质福利、社会生活和个人生活三个结构变量共计24个子项的调查指标组成（表3-1）。

表 3–1　　　　　经济增长质量评价指标体系（2013 年）

结构变量	变量	度量指标
物质福利	a1	对本年度家庭的收入增长满意度
	a2	对本年度家庭的消费增长满意度
	a3	对居住条件满意度
	a4	还贷（或债务）对生活造成的压力感
	a5	对本地物价状况满意度
	a6	家庭未来收入增长的可能性
	a7	对本地就业环境的满意度
	a8	对本地投资或经商环境的满意度
	a9	对社会总体收入分配状况的满意度
社会生活	a10	对本地就学条件的满意度
	a11	对家庭成员就医状况的满意度
	a12	对本地的养老保障状况评价
	a13	对本地政府整体办事效率的满意度
	a14	对本地政府公信力的满意度
	a15	对自我社会地位（未受社会的歧视）的满意度
	a16	对本地社会治安状况的满意度
	a17	对社会的总体信任状况评价
	a18	对本人参与社会公共事务机会的满意度
个人生活	a19	对本地精神文化生活的满意度
	a20	对家务劳动强度的满意度
	a21	工作中所感受到的压力
	a22	对上下班路途所耗费的时间的满意度
	a23	对个人闲暇时间的满意度
	a24	工作或劳动强度与收入的是否相匹配

基于 2013 年调查所反映的主要问题，以及 2014 年我国经济增长出现的一些新的动向，2014 年调查对于整个问卷体系进行了一定程度的调整。在保持原有的物质、社会和个人生活三个维度的基础上，将原来的 24 个指标调整为 32 个指标，同时还增加了对经济增长质量的整体评价，具体指标见表 3–2。

表 3-2 经济增长质量评价指标体系（2014 年）

结构变量	变量	度量指标
物质福利	a1	对收入增长状况的评价
	a2	对就业机会的评价
	a3	对物价状况的评价
	a4	对消费环境的评价
	a5	对未来的消费信心
	a6	对投资和创业机会的评价
	a7	对贷款成本和容易程度的评价
	a8	对财产拥有和增值状况的评价
	a9	对生活成本的评价
	a10	对税负程度的评价
	a11	对经济增长前景的评价
	a12	对经济政策的评价
	a13	对经济投入产出状况的评价
	a14	对经济结构合理性的评价
	a15	对经济稳定性的评价
社会福利	a16	对社会保障水平的评价
	a17	对医疗保障水平的评价
	a18	对社会治安的评价
	a19	对基础教育的评价
	a20	对交通便利状况的评价
	a21	对社区生活的评价
	a22	对生态环境状况的评价
	a23	对公共体育文化设施可使用性的评价
	a24	对社会诚信状态的评价
	a25	对政府服务和法治环境的评价
个人生活	a26	对自身健康状况的评价
	a27	对自身长寿可能性的评价
	a28	对个人闲暇时间的评价
	a29	对社会压力的评价
	a30	对家务劳动强度的评价
	a31	对个人成长前景的评价
总体评价	a32	对经济发展质量的总体评价

三 调查数据

（一）关于数据的说明

（1）数据的来源与量表

本书分析的数据来源于武汉大学质量发展战略研究院于2013年在全国开展的经济增长质量调查。这一调查采用的主要方法是面对面的问卷调查，这是我国较早的基于居民的主观评价而建立的经济增长质量数据库之一。

除个体特征（如性别、年龄等），本次调查的单个问题全部采用10分制计分方法，总体的指标得分转化为1—100的程度依次增加；60分为及格线。在区域以及板块加总得分的分析层面，本报告所采用的定性分析的数量范围如表3-3所示。

表3-3　　　　　质量经济增长质量量表

分值区间	等级层次
[0, 30)	差
[30, 60)	较差
[60, 70)	及格
[70, 80)	较好
[80, 100]	很好

（2）地区抽样

本调查主要按照不同省份的人口与人均GDP进行分层抽样，在城市的选择上，选取了所有的副省级以上城市，并按人均GDP排序选取了其他城市，具体方案是：

第一步为必选城市，是为了满足大城市区域宏观质量排名的需要。这些城市包含所有直辖市、省会城市和副省级城市：北京、上海、天津、重庆、沈阳、大连、青岛、哈尔滨、长春、呼和浩特、石家庄、济南、西安、太原、郑州、武汉、南京、苏州、杭州、福州、合肥、南昌、厦门、宁波、深圳、广州、南宁、海口、贵阳、成都、昆明、兰州、银川、西宁、乌鲁木齐共计35个。

第二步为其他城市，这一部分地区样本是为了能够使得样本对省级层面具有代表性。主要按照人均GDP排名分层抽样的方法来抽取，具体的抽取方法为：各省份的城市（含省会）按人均GDP排序，除省会城市以外选择城市的标准：

（1）若该省人口低于5000万，则选取排名中位值城市，如有10个城市，则选取第5名或第6名的城市；

（2）若该省人口高于5000万，则除省会城市以外选取2个城市，按名次取70%分位和40%分位的城市，如有21个城市则取第14名和第7名城市。

表3-4　　　　　　　　各省城市的抽取

省份	城市	2013年	2014年
河北省	石家庄市	√	√
	廊坊市	√	
	承德市	√	
	衡水市		√
山西省（11）	太原市	√	√
	晋中市	√	
	长治市		√
内蒙古自治区（9）	呼和浩特市	√	√
	通辽市	√	
	包头市		√
辽宁省（14）	沈阳市	√	√
	大连市	√	√
	辽阳市	√	
	盘锦市		√
吉林省（8）	长春市	√	√

续表

省份	城市	2013年	2014年
	白山市	√	
	吉林市		√
黑龙江省（12）	哈尔滨市	√	√
	鸡西市	√	
	大庆市		√
江苏省（13）	南京市	√	√
	苏州市	√	√
	镇江市	√	
	徐州市	√	√
	连云港		√
浙江省（11）	杭州市	√	√
	宁波市	√	√
	湖州市	√	
	温州市	√	√
	衢州市		√
安徽省（17）	合肥市	√	√
	淮南市	√	
	蚌埠市	√	
	安庆市		√
	淮北市		√
福建省（9）	福州市	√	√
	厦门市	√	√
	龙岩市	√	
	三明市		√

续表

省份	城市	2013 年	2014 年
江西省（11）	南昌市	√	√
	九江市	√	
	宜春市		√
山东省（17）	济南市	√	√
	淄博市	√	
	日照市	√	
	青岛市		√
	潍坊市		√
河南省（17）	郑州市	√	√
	许昌市	√	√
	新乡市	√	√
湖北省（12）	武汉市	√	√
	襄阳市	√	√
	随州市	√	√
湖南省（13）	长沙市	√	√
	岳阳市	√	√
	娄底市	√	
	怀化市		√
广东省（21）	广州市	√	√
	深圳市	√	√
	佛山市	√	√
	惠州市	√	
	韶关市	√	
	东莞市		√

续表

省份	城市	2013年	2014年
广西壮族自治区（14）	南宁市	√	√
	崇左市	√	
	桂林市		√
四川省	成都市	√	√
	绵阳市	√	√
	巴中市		√
云南省（8）	昆明市	√	√
	丽江市	√	
	宣威市		√
贵州省	贵阳市	√	√
	遵义市	√	√
陕西省（10）	西安市	√	√
	铜川市	√	
	咸阳市		√
宁夏回族自治区（5）	银川市	√	√
	吴忠市	√	
	固原市		√
青海省	西宁市	√	
海南省	海口市	√	
新疆维吾尔自治区	乌鲁木齐市	√	√
	伊犁市	√	√
甘肃省	兰州市		√
总计	85	63	61

说明："√"代表在该年度进行调查的城市。

据上表数据，2013年的调查城市中有39个仍然出现在2014年的样本中，调查城市的保留率为62%；其中省会、副省级、省会城市的保留率为100%；因此调查数据在区域上具有一定的连续性与可比性。

2014年新增的城市为22个，均按照相近原则对城市进行了替代，因而也能够在省区层面保持样本代表性的连续性。

（4）调查样本的区域分布

2013年调查实际共覆盖了29个省（自治区、直辖市）的92个区县（及县级市），为使得各省区样本的一致性，在全国的数据计算中从中抽取了63个区县。2014年调查了30个省（自治区、直辖市）的92个区县（及县级市），从中抽取了61个调查区域。调查的抽样分布东部和中部的样本比例略低于人口比例；西部的样本分布高于人口分布约4.5个百分点，但总体上样本在区域上与人口的分布是大致相同的。

表3-5　　　　　　　　调查的样本分布状况

区域	省市	区县数	样本量	百分比（%）	样本区域占比（%）
东部	北京	2	100	2.08	38.77
	天津	2	90	1.87	
	河北	3	217	4.52	
	辽宁	3	240	5.00	
	上海	2	100	2.08	
	江苏	3	167	3.48	
	浙江	3	216	4.50	
	福建	2	160	3.33	
	山东	3	242	5.04	
	广东	3	264	5.50	
	海南	2	66	1.37	
中部	安徽	3	240	5.00	32.00
	河南	3	220	4.58	
	湖北	3	239	4.98	
	湖南	3	211	4.39	
	江西	2	168	3.50	
	山西	2	160	3.33	
	吉林	2	140	2.91	
	黑龙江	2	159	3.31	

续表

区域	省市	区县数	样本量	百分比（%）	样本区域占比（%）
西部	广西	2	94	1.96	29.23
	内蒙古	2	160	3.33	
	重庆	2	110	2.29	
	四川	2	169	3.52	
	贵州	2	161	3.35	
	云南	2	109	2.27	
	陕西	2	176	3.66	
	青海	1	100	2.08	
	宁夏	2	135	2.81	
	新疆	2	190	3.96	

注：东、中、西部地区划分有多种方法，本报告主要按经济发展程度来划分。首先，将享受国家西部大开发政策的省区确定为西部省份；其次，将沿海省市确定为东部地区；其他为中部地区。

（二）数据的信度检验

为检验问卷内问项的一致，对其进行信度检验。根据信度检验的相关理论，总量表的信度系数最好在 0.8 以上，0.7—0.8 之间可以接受；分量表的信度系数最好在 0.7 以上，0.6—0.7 还可以接受。对质量公共服务各个维度和总体进行信度检验得到的结果显示，总体的信度系数达到了 0.94，各维度内部的信度系数均在 0.7 以上，都达到了可接受的水平，表明质量公共服务的问卷设计具有较高的信度。

表 3-6　　　　　　　　信度检验输出结果

指标	信度系数（Cronbach's α 值）
物质福利	0.8684
社会生活	0.9138
个人生活	0.7382
总体	0.9444

第四章 我国经济增长质量评价结果

一 计算方法与描述性统计结果

（一）统计方法

经济增长质量总指数（EGQ）由三个方面的指数构成，分别是物质福利指数（PQ）、社会生活指数（SQ）以及个人生活指数（LQ），其计算方法分别是：

$$PQ = \frac{1}{N}\sum_{i=1}^{N} PQ_i,\ SQ = \frac{1}{N}\sum_{i=1}^{N} SQ_i,\ LQ = \frac{1}{N}\sum_{i=1}^{N} LQ_i$$

$$EGQ = \frac{1}{3}\sum_{i=1}^{N}(PQ_i + SQ_i + LQ_i)$$

其中 N 为样本个数；i 代表第 i 个个体。

（二）调查结果

武汉大学质量发展战略研究院分别于 2013 年和 2014 年的暑期，在全国范围内进行了专门的经济增长质量调查。基于调查的数据，得到我国经济增长质量各指标的统计结果（见表 4-1 至表 4-4）。

表 4-1　　经济增长质量调查结果统计（2013 年）

结构变量	变　量	度量指标（分）
物质福利	对本年度家庭收入增长的满意度	58.07
	对本年度家庭消费增长的满意度	57.93
	对居住条件的满意度	62.86
	还贷（或债务）对生活造成的压力感	57.35
	对本地物价状况的满意度	54.61

第四章 我国经济增长质量评价结果

续表

结构变量	变量	度量指标（分）
社会生活	家庭未来收入增长的可能性	62.69
	对本地就业环境的满意度	58.93
	对本地投资或经商环境的满意度	60.3
	对社会总体收入分配状况的满意度	58.01
	对本地就学条件的满意度	61.93
	对家庭成员就医状况的满意度	61.81
	对本地的养老保障状况评价	59.89
	对本地政府整体办事效率的满意度	57.45
	对本地政府公信力的满意度	57.43
	对自我社会地位（未受社会的歧视）的满意度	65.22
	对本地社会治安状况的满意度	62.68
	对社会的总体信任状况评价	62.02
	对本人参与社会公共事务机会的满意度	62.02
个人生活	对本地精神文化生活的满意度	62.86
	对家务劳动强度的满意度	65.47
	工作中所感受到的压力	60.75
	对上下班路途所耗费的时间的满意度	63.8
	对个人闲暇时间的满意度	62.9
	工作或劳动强度与收入的是否相匹配	61.21

表 4-2　　　　**经济增长质量调查指标排序（2013 年）**

指标	排名	得分
对家务劳动强度的满意度	1	65.47
对自我社会地位（未受社会的歧视）的满意度	2	65.22
对上下班路途所耗费时间的满意度	3	63.8
对个人闲暇时间的满意度	4	62.9
对居住条件的满意度	5	62.86
对本地精神文化生活的满意度	6	62.86
家庭未来收入增长的可能性	7	62.69
对本地社会治安状况的满意度	8	62.68
对社会的总体信任状况评价	9	62.02

续表

指 标	排名	得分
对本人参与社会公共事务机会的满意度	10	62.02
对本地就学条件的满意度	11	61.93
对家庭成员就医状况的满意度	12	61.81
工作或劳动强度与收入的是否相匹配	13	61.21
工作中所感受到的压力	14	60.75
对本地投资或经商环境的满意度	15	60.3
对本地养老保障状况的评价	16	59.89
对本地就业环境的满意度	17	58.93
对本年度家庭收入增长的满意度	18	58.07
对社会总体收入分配状况的满意度	19	58.01
对本年度家庭消费增长的满意度	20	57.93
对本地政府整体办事效率的满意度	21	57.45
对本地政府公信力的满意度	22	57.43
还贷（或债务）对生活造成的压力感	23	57.35
对本地物价状况的满意度	24	54.61

在指标体系中将两个负向指标（即债务的压力感、工作的压力感）进行正向化处理，使之变成与其他指标一样，数值越大代表越满意。我国经济质量的总指数为60.93分。在调查的24个指标中，有9个指标是在60分的及格线以下；15个指标在60分的及格线以上，其中最高分为65.47分，最低分为54.61分。

在居民评价未达及格线（60分）的9个指标中，有6个涉及物质福利的指标；3个为社会生活的指标；个人生活领域得分均在60分以上，但总体得分主要集中于60—65分之间，说明居民对经济与社会领域的发展指标不满程度相对更高。在物质福利指标中，对物价状况的满意度得分最低；其次是债务压力，同时对于家庭的收入增长状况、消费增长状况均排名靠后。这表明，对我国的老百姓来说，影响其对于经济增长满意度评价的主要指标在于物质生活水平仍然不高,虽然我国已是世界第二大经济体,人均收入达到了 6700 美元,但是我国总体上仍然是一个发展中国家,加之收入分配不平等性在加剧,我国 2013 年的基尼系数已达到 0.474,远超过了 0.40 的国际警戒线,使得居民在经济条件上的满意度仍然不高。另外,经济发展过程中政府职能的转变相对滞后,人们对于公共服务的数量和质量的需求在不断增长,但政府在公共服务的供给能力上仍然无法满足这一增长的社会需求,使得居民对政府的办事效率、公信力等方面的评价不高。居民对闲暇、家务劳动、精神文化生活等个人生活方面相对较为满意,但得分也主要集中在 60—65 分之间,只能说明居民对个人生活方面的期望还比较低,相较于物质福利以及社会生活等重要领域而言不满意程度也较低。

表 4-3 　　　　　经济增长质量调查结果统计（2014 年）

结构变量	指标	得分
物质福利	对收入增长状况的评价	52.93
	对就业机会的评价	56.28
	对物价状况的评价	52.03
	对消费环境的评价	57.65
	对未来的消费信心	59.47
	对投资和创业机会的评价	56.66
	对贷款成本和容易程度的评价	55.86
	对财产拥有和增值状况的评价	56.27
	对生活成本的评价	50.91
	对税负程度的评价	55.06
	对经济增长前景的评价	61.81
	对经济政策的评价	60.83
	对经济投入产出状况的评价	58.06
	对经济结构合理性的评价	57.60
	对经济稳定性的评价	59.85

续表

结构变量	指 标	得分
社会福利	对社会保障水平的评价	59.00
	对医疗保障水平的评价	59.81
	对社会治安的评价	61.42
	对基础教育的评价	62.89
	对交通便利状况的评价	63.74
	对社区生活的评价	62.64
	对生态环境状况的评价	57.66
	对公共体育文化设施可使用性的评价	57.60
	对社会诚信状态的评价	56.69
	对政府服务和法治环境的评价	57.22
个人生活	对自身健康状况的评价	68.46
	对自身长寿可能性的评价	68.70
	对个人闲暇时间的评价	60.67
	对社会压力的评价	53.38
	对家务劳动强度的评价	61.42
	对个人成长前景的评价	63.08
总体评价	对经济发展质量的总体评价	62.78

表4-4　　**经济增长质量调查指标排序（2014年）**

指 标	排名	得分
对自身长寿可能性的评价	1	68.70
对自身健康状况的评价	2	68.46
对交通便利状况的评价	3	63.74
对个人成长前景的评价	4	63.08
对基础教育的评价	5	62.89
对经济发展质量的总体评价	6	62.78
对社区生活的评价	7	62.64
对经济增长前景的评价	8	61.81
对社会治安的评价	9	61.42
对家务劳动强度的评价	10	61.42
对经济政策的评价	11	60.83

续表

指标	排名	得分
对个人闲暇时间的评价	12	60.67
对经济稳定性的评价	13	59.85
对医疗保障水平的评价	14	59.81
对未来的消费信心	15	59.47
对社会保障水平的评价	16	59.00
对经济投入产出状况的评价	17	58.06
对生态环境状况的评价	18	57.66
对消费环境的评价	19	57.65
对公共体育文化设施可使用性的评价	20	57.60
对经济结构合理性的评价	21	57.60
对政府服务和法治环境的评价	22	57.22
对社会诚信状态的评价	23	56.69
对投资和创业机会的评价	24	56.66
对就业机会的评价	25	56.28
对财产拥有和增值状况的评价	26	56.27
对贷款成本和容易程度的评价	27	55.86
对税负程度的评价	28	55.06
对社会压力的评价	29	53.38
对收入增长状况的评价	30	52.93
对物价状况的评价	31	52.03
对生活成本的评价	32	50.91

从2014年的调查数据可以发现，整体而言经济增长质量的总评价为62.78分，在及格线以上。在全部32个指标中12个指标在60分以上，20个指标在60分以下，其结构与2013年大体相似，在及格线以上的12个指标中5个为个人生活指标；4个为社会生活质量指标；2个为经济指标。因此，2014年我国经济增长质量的主要短板仍然是物质福利的增长，尤其是在生活成本、物价、收入增长、财产、就业机会等方面得分较低，如何提高经济增长对人的物质福利的改善，让经济增长的成果能够更公平地为居民所享有，仍然是我国经济增长质量的主题。

（三）权重的确定

为了得到不同结构变量的相对权重，本书使用主成分分析法来确定不同变量的权重。首先是通过主成分分析得到不同的结构变量内部的主成分；其次再得到总体的主成分；最后得到不同结构变量的相对权重。

表4-5　　　　经济增长质量一级指标与二级指标的权重系数

结构变量	度量指标	二级指标权重（%）	一级指标权重（%）
物质福利	对本年度家庭收入增长的满意度	9.38	33.6
	对本年度家庭消费增长的满意度	9.52	
	对居住条件的满意度	7.46	
	还贷（或债务）对生活造成的压力感	15.67	
	对本地物价状况的满意度	12.24	
	家庭未来收入增长的可能性	9.93	
	对本地就业环境的满意度	12.11	
	对本地投资或经商环境的满意度	12.07	
	对社会总体收入分配状况的满意度	11.68	
社会生活	对本地就学条件的满意度	10.62	34.3
	对家庭成员就医状况的满意度	11.22	
	对本地的养老保障状况评价	10.32	
	对本地政府整体办事效率的满意度	12.06	
	对本地政府公信力的满意度	12.16	
	对自我社会地位（未受社会的歧视）的满意度	10.49	
	对本地社会治安状况的满意度	10.96	
	对社会总体信任状况评价	11.46	
	对本人参与社会公共事务机会的满意度	10.72	
个人生活	对本地精神文化生活的满意度	18.34	32.2
	对家务劳动强度的满意度	18.79	
	工作中所感受到的压力	23.66	
	对上下班路途所耗费的时间的满意度	13.61	
	对个人闲暇时间的满意度	13.25	
	工作或劳动强度与收入的是否相匹配	12.34	

以上权重体系表明，居民对于经济增长质量的相对重要性排名依次是

社会生活、物质福利和个人生活。在经济领域指标中，权重最高的三个指标依次是：债务对生活造成的压力（15.67%）、对本地物价的满意度（12.24%）和对本地就业环境的满意度（12.11%），因此物价过高对于居民造成的压力感在经济生活质量中占有较为重要的地位。社会领域指标中，权重排名前三位的指标依次是：对政府公信力的满意度（12.16%）、对政府办事效率的满意度（12.06%）以及对社会总体信任状况的评价（11.46%），说明政府的服务能力是人们关注的社会生活质量的主要内容。在个人生活指标中，权重最高的是工作中所感受到的压力（23.66%），这进一步地表明了压力感是人们评价经济增长质量的重要方面。

（四）整体得分的年度对比

表4-6　　　经济增长质量评价总得分年度对比（2013年）

指标	2013年（分）	2014年（分）	增长（%）
经济增长质量总指数	60.93	58.85	-3.41
物质福利	58.97	56.72	-3.82
社会生活	61.16	59.81	-2.21
个人生活	62.83	62.55	-0.45

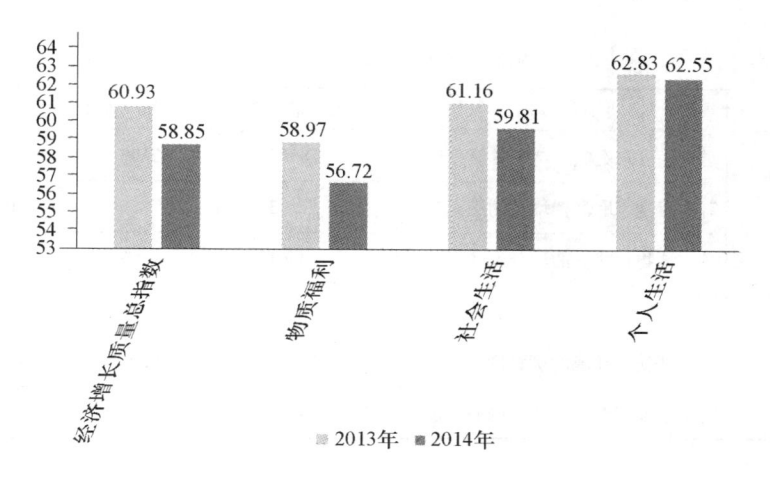

图4-1　经济增长质量评价的年度对比（2013—2014年）

从图 4-1 中可见，经济增长质量评价出现了一定程度的下降，2014年较 2013 年下降了 3.41 个百分点，落到了及格线以下。其中降幅最大的为物质福利方面，下降了 3.82 个百分点；其次为社会生活指标下降了2.21 个百分点；个人生活整体保持稳定，下降了 0.45 个百分点。这说明，我国经济增长进入到了一个从速度向质量转变的转折时期。一方面，经济增长的速度不可能再保持高速增长，2014 年 GDP 增速为 7.4%，较上一年回落了 0.3 个百分点，居民收入增长 8%，较上一年回落了 0.1 个百分点；另一方面，人们对经济增长的质量需求越来越高。质量是一组固有特性满足要求的程度度量，对于经济增长质量而言，经济增长质量的固有属性即客观的经济增长质量（如 GDP、收入、消费等）指标的增长，满足要求即老百姓对更高的社会福利、更好的生活品质等方面的期望，固有属性增长困乏而人们的需求却在增长，导致了居民对经济增长质量的评价出现了下降。这一数据指标表明我国已经进入到了一个从"速度时代"向"质量时代"转变的关键时期。需要注意的是，这一评价得分的下降也可能是由于指标的变化，在 2014 年的调查中加入了一些新的统计指标，如"财产拥有和增值情况"、"经济投入产出的评价"、"社区生活的评价"、"生态环境的评价"等居民生活较为敏感的领域，而我国家庭财产的不平等远高于收入的不平等，这些新指标的加入可能进一步拉低经济增长质量的整体评价。

表 4-7　　　　　　　　相同或相似指标的年度比较

	指　标	2013 年（分）	2014 年（分）	增长（%）
物质福利	对本年度家庭收入增长的满意度	58.07	52.93	-5.14
	对本年度家庭消费增长的满意度	57.93	57.65	-0.28
	对本地物价状况的满意度	54.61	52.03	-2.58
	家庭未来收入增长的可能性	62.69	59.47	-3.22
	对本地就业环境的满意度	58.93	56.28	-2.65
	对本地投资或经商环境的满意度	60.3	56.66	-3.64

续表

	指 标	2013年（分）	2014年（分）	增长（%）
社会生活	对本地就学条件的满意度	61.93	62.89	0.96
	对家庭成员就医状况的满意度	61.81	59.81	-2.00
	对本地的养老保障状况评价	59.89	59	-0.89
	对本地政府整体办事效率的满意度	57.45	57.22	-0.23
	对本地社会治安状况的满意度	62.68	61.42	-1.26
个人生活	对家务劳动强度的满意度	65.47	61.42	-4.05
	对个人闲暇时间的满意度	62.9	60.67	-2.23

两年调查问卷中相同或相似的问题共有13个，将其调查结果进行比较可得到表4-7，从这一统计结果来看，年度下降最大的主要是在物质福利层面，其中对家庭收入增长的评价下降了5.14分，对投资或经商环境的评价也下降了3.64分，受这些因素的影响居民对于家庭未来收入增长的信心也出现了下降，较上一年度下降了3.22个百分点；同时在个人生活领域，下降最高的是家务劳动强度的评价，下降了4.05个百分点；此外，社会生活领域的医疗状况评价下降了2个百分点，这都表明了居民对于更高质量的生活产生了更高的预期，但我国经济总量的增长又处于从高速向中高速转折的时期，原有的增长红利已经不断消失，这一点可由人们对收入增长的评价急剧下降得到印证，这一转变导致了人们对经济增长质量的感知评价降低了。

（五）不同人群的分类统计
（1）不同性别的经济增长质量评价

表4-8　　**经济增长质量评价的性别结构特征（2013年）**　　（单位：分）

变量含义	女性	男性	男性-女性
经济增长质量总指数	60.81	61.05	0.24
物质福利	58.54	59	0.46
社会生活	61.13	61.12	-0.01
个人生活	62.65	62.93	0.28
对本年度家庭收入增长的满意度	57.87	58.27	0.4

续表

变 量 含 义	女性	男性	男性－女性
对本年度家庭消费增长的满意度	57.69	58.18	0.49
对居住条件的满意度	63.05	62.65	－0.4
还贷（或债务）对生活造成的压力感	56.57	58.19	1.62
对本地物价状况的满意度	54.19	55.06	0.87
家庭未来收入增长的可能性	62.56	62.82	0.26
对本地就业环境的满意度	58.94	58.93	－0.01
对本地投资或经商环境的满意度	60.1	60.52	0.42
对社会总体收入分配状况的满意度	58.14	57.88	－0.26
对本地就学条件的满意度	62.11	61.74	－0.37
对家庭成员就医状况的满意度	61.8	61.82	0.02
对本地的养老保障状况评价	59.8	59.99	0.19
对本地政府整体办事效率的满意度	57.36	57.55	0.19
对本地政府公信力的满意度	57.44	57.43	－0.01
对自我社会地位（未受社会的歧视）的满意度	65.42	64.99	－0.43
对本地社会治安状况的满意度	62.48	62.9	0.42
对社会的总体信任状况评价	62.09	61.94	－0.15
对本人参与社会公共事务机会的满意度	62.04	62.01	－0.03
对本地精神文化生活的满意度	62.96	62.76	－0.2
对家务劳动强度的满意度	65.43	65.5	0.07
工作中所感受到的压力	60.49	61.03	0.54
对上下班路途所耗费的时间的满意度	63.06	64.6	1.54
对个人闲暇时间的满意度	63.07	62.71	－0.36
工作或劳动强度与收入的是否相匹配	61.15	61.27	0.12

从表4－8可以看出，我国经济增长质量的评价存在着较为显著的差异，男性对经济增长质量的总体评价高于女性0.24分，约为0.4个百分点。其中物质福利方面的差异性最大，高出0.46分，约0.8个百分点；其次为个人生活方面；而在社会生活方面几乎没有差异。进一步地看各个指标，可以发现物质福利指标中男性高出女性较多的指标为收入增长状况、消费增长状况、物价状况等三个方面，这表明经济增长过程中男性所获得的收入增长的较多，消费增长较快，从而对物价上升的敏感性较低。

在社会生活指标方面，性别差异并不是十分地显著，这表明由非市场因素所造成的社会生活机会在性别之间的不平等状况并不显著。在个人生活方面，男性的压力感要高出女性 0.5 分，约 0.8 个百分点；此外，对于上下班路途所耗费的时间，女性的满意度要低于男性 1.54 分，这表明交通发展的滞后对女性所造成的不满意程度更高。

表 4-9　　　经济增长质量评价的性别结构特征（2014 年）　　（单位：分）

指　　标	男性	女性	男性－女性
经济增长质量总得分	63.47	62.08	1.39
物质福利	57.46	55.99	1.47
社会生活	59.90	59.70	0.20
个人生活	62.81	62.29	0.52
对收入增长状况的评价	54.18	51.66	2.52
对就业机会的评价	57.08	55.17	1.91
对物价状况的评价	52.58	51.45	1.13
对消费环境的评价	57.89	57.44	0.45
对未来的消费信心	60.11	58.85	1.26
对投资和创业机会的评价	57.56	55.77	1.79
对贷款成本和容易程度的评价	55.97	55.74	0.23
对财产拥有和增值状况的评价	56.67	55.71	0.96
对生活成本的评价	51.58	50.26	1.32
对税负程度的评价	56.01	54.11	1.90
对经济增长前景的评价	62.84	60.81	2.03
对经济政策的评价	62.00	59.68	2.32
对经济投入产出状况的评价	58.76	57.40	1.36
对经济结构合理性的评价	57.91	56.94	0.97
对经济稳定性的评价	60.81	58.88	1.93
对社会保障水平的评价	59.23	58.75	0.48
对医疗保障水平的评价	59.89	59.29	0.60
对社会治安的评价	62.48	60.39	2.09
对基础教育的评价	62.99	62.79	0.20
对交通便利状况的评价	63.62	63.63	-0.01

续表

指　　标	男性	女性	男性-女性
对社区生活的评价	62.66	62.61	0.05
对生态环境状况的评价	57.47	57.80	-0.33
对公共体育文化设施可使用性的评价	57.56	57.60	-0.04
对社会诚信状态的评价	55.97	56.95	-0.98
对政府服务和法治环境的评价	57.22	57.21	0.01
对自身健康状况的评价	68.39	67.93	0.46
对自身长寿可能性的评价	68.85	68.55	0.30
对个人闲暇时间的评价	60.40	60.69	-0.29
对社会压力的评价	53.93	52.82	1.11
对家务劳动强度的评价	61.65	61.16	0.49
对个人成长前景的评价	63.60	62.56	1.04

2014年的调查结果，同样显示经济增长质量评价的性别差异仍然是显著的，男性对经济增长质量的评价整体上仍然高于女性，总得分高出1.37分；物质福利、社会生活和个人生活方面，男性分别要高于女性1.47、0.20分和0.52分，这表明经济增长质量的性别差异主要集中于物质福利领域，由于女性在就业机会、受教育机会、社会地位等方面仍然受到一定约束，使得其经济增长所带来的物质福利改善程度要差于男性。具体而言，性别差异较为明显的几个领域分别是收入增长状况的评价要高出2.52分，为全部指标中差异最大的，这也进一步说明女性对经济增长质量的感知差于男性主要是由收入差异造成的。此外，对经济增长稳定的评价，男性要高出女性1.93分；对社会治安的评价，女性低于男性2.09分。

（2）不同年龄人群的经济增长质量评价

表4-10　　**不同年龄人群的经济增长质量评价（2013年）**　　（单位：分）

变量含义	18—30岁	31—40岁	41—50岁	51—60岁	60岁以上
经济增长质量总指数	60.90	60.30	61.26	61.74	61.43
物质福利	59.07	58.40	58.67	59.04	58.11
社会生活	60.96	59.92	61.88	62.48	63.07

续表

变量含义	18—30岁	31—40岁	41—50岁	51—60岁	60岁以上
个人生活	62.57	62.49	63.11	63.57	62.95
对本年度家庭收入增长的满意度	57.64	57.35	58.73	58.95	61.06
对本年度家庭消费增长的满意度	57.56	56.99	58.50	59.56	60.87
对居住条件的满意度	62.31	61.86	63.96	63.24	67.08
还贷（或债务）对生活造成的压力感	57.84	59.85	55.67	57.06	46.96
对本地物价状况的满意度	54.04	53.56	55.84	55.60	56.89
家庭未来收入增长的可能性	64.74	61.38	62.10	61.00	57.27
对本地就业环境的满意度	59.54	57.94	58.72	59.61	59.50
对本地投资或经商环境的满意度	60.62	59.77	60.02	60.69	61.93
对社会总体收入分配状况的满意度	58.84	57.30	57.46	57.76	58.82
对本地就学条件的满意度	61.74	59.73	63.58	63.49	63.98
对家庭成员就医状况的满意度	61.63	60.41	62.88	62.19	65.03
对本地的养老保障状况评价	59.71	58.26	60.75	62.16	62.17
对本地政府整体办事效率的满意度	57.00	56.51	57.99	60.06	59.32
对本地政府公信力的满意度	57.16	56.66	57.88	59.03	59.25
对自我社会地位（未受社会的歧视）的满意度	65.30	64.12	65.78	65.24	67.89
对本地社会治安状况的满意度	62.12	62.33	63.30	63.77	64.47
对社会的总体信任状况评价	62.18	60.36	62.72	63.24	64.16
对本人参与社会公共事务机会的满意度	62.12	61.10	62.42	63.35	61.61
对本地精神文化生活的满意度	62.97	62.16	62.94	63.43	64.97
对家务劳动强度的满意度	64.88	64.91	66.24	65.37	70.43
工作中所感受到的压力	61.73	61.95	59.61	60.66	49.75
对上下班路途所耗费的时间的满意度	62.00	63.32	65.90	66.12	66.46
对个人闲暇时间的满意度	62.31	61.53	63.66	65.24	68.51
工作或劳动强度与收入是否相匹配	61.02	60.41	61.67	61.97	64.04

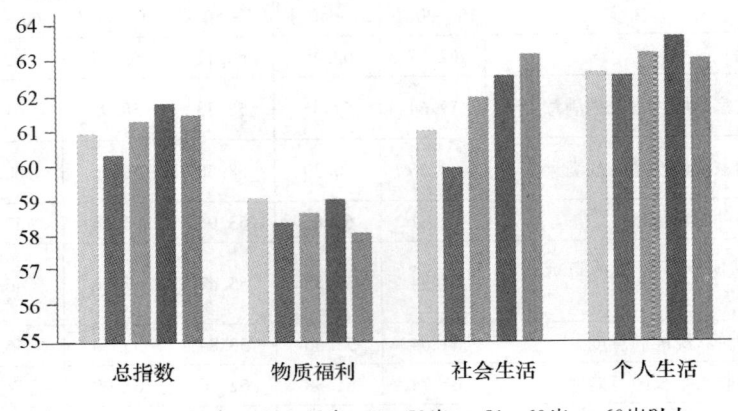

中国经济增长质量评价:基于居民感知的实证分析

[图表:不同年龄人群的经济增长质量评价柱状图,包含总指数、物质福利、社会生活、个人生活四组数据,按18—30岁、31—40岁、41—50岁、51—60岁、60岁以上分组]

图4-2 不同年龄人群的经济增长质量评价(2013年)

表4-10表明,不同年龄人群的经济增长质量评价并不是呈线性关系。在总体经济增长质量评价上,最低的为中年群体(31—40岁),最高的是51—60岁群体,其他年龄段的得分几乎没有太大差异。一般而言中年人群工作与生活压力较大,而接近退休年龄的群体收入已经有了一定积累,且工作较为稳定,来自家庭的压力也较小,因而满意度较高。需要进一步注意的是,在物质福利和个人生活的评价与年龄大致呈倒"U"型的变动趋势,而社会生活方面则大体上随着年龄的增长而提升。

表4-11 不同年龄人群的经济增长质量评价(2014年) (单位:分)

指 标	1	2	3	4	5
经济增长质量总得分	64.01	61.47	61.42	63.16	66.75
物质福利	57.24	55.85	56.02	57.39	60.61
社会生活	59.59	58.87	59.74	61.68	65.31
个人生活	63.74	60.98	61.64	62.11	66.27
对收入增长状况的评价	53.06	51.65	52.70	54.69	57.50
对就业机会的评价	56.33	55.79	55.47	56.42	60.45
对物价状况的评价	52.03	51.45	51.39	53.22	58.05

续表

指　标	1	2	3	4	5
对消费环境的评价	57.87	57.32	56.93	58.51	62.00
对未来的消费信心	60.79	57.73	58.40	59.56	62.00
对投资和创业机会的评价	58.65	55.97	54.79	54.57	57.55
对贷款成本和容易程度的评价	56.95	55.33	55.19	54.31	56.90
对财产拥有和增值状况的评价	56.74	55.54	55.55	56.53	58.25
对生活成本的评价	51.27	49.89	50.36	51.92	56.25
对税负程度的评价	54.99	53.96	54.97	56.04	62.75
对经济增长前景的评价	62.43	60.49	61.09	63.40	65.00
对经济政策的评价	60.40	59.69	60.87	63.65	66.30
对经济投入产出状况的评价	58.89	56.92	57.35	58.80	60.30
对经济结构合理性的评价	57.61	57.17	56.56	58.87	61.50
对经济稳定性的评价	60.62	58.87	58.84	60.53	64.40
对社会保障水平的评价	58.85	57.52	58.50	62.64	66.75
对医疗保障水平的评价	59.37	57.57	59.40	63.69	67.45
对社会治安的评价	60.35	61.15	62.26	62.80	66.40
对基础教育的评价	63.10	61.70	62.54	64.96	67.85
对交通便利状况的评价	62.20	62.46	64.98	66.36	71.00
对社区生活的评价	62.85	62.34	62.39	61.40	66.50
对生态环境状况的评价	57.26	56.90	57.37	60.33	63.35
对公共体育文化设施可使用性的评价	57.77	57.10	57.49	57.24	60.90
对社会诚信状态的评价	56.90	55.72	55.75	57.69	60.95
对政府服务和法治环境的评价	57.27	56.21	56.66	59.67	61.90
对自身健康状况的评价	69.81	66.34	67.12	67.16	69.55
对自身长寿可能性的评价	69.59	66.62	68.57	68.67	71.10
对个人闲暇时间的评价	60.89	58.15	60.58	61.42	68.80
对社会压力的评价	53.14	52.39	52.66	55.78	62.95
对家务劳动强度的评价	61.77	60.50	61.24	61.40	64.80
对个人成长前景的评价	67.23	61.88	59.64	58.22	60.40

注：1 代表 18—30 岁；2 代表 31—40 岁；3 代表 41—50 岁；4 代表 51—60 岁；5 代表 61 岁以上。

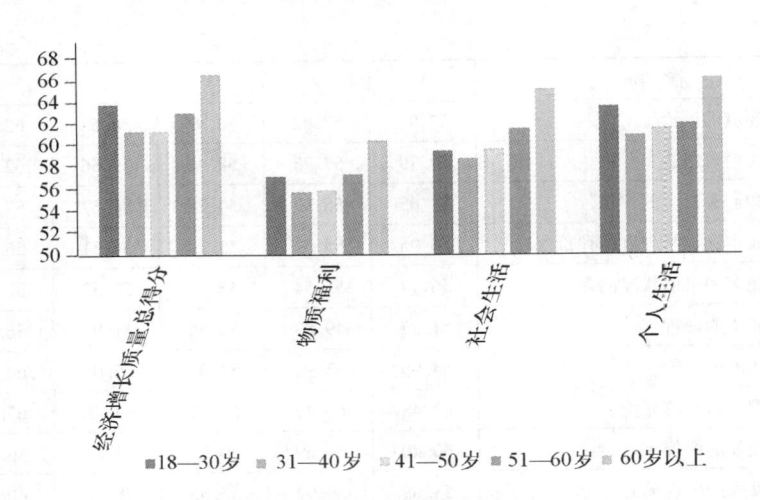

图 4-3　不同年龄组的经济增长质量评价（2014年）

与2013年相比，经济增长质量随着年龄的增长呈明显的"U"型曲线关系，而物质福利评价与2013年不同，从倒"U"型曲线变为J型曲线，评价最低的仍然是30—40岁，以及40—50岁两个年龄组，而60岁以上的年龄组评价最高。在社会生活领域也随着年龄的增长而呈J型曲线关系。

（3）不同收入水平的经济增长质量评价结构性特征

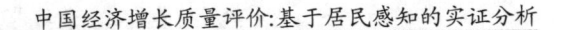

表4-12　不同收入水平的经济增长质量评价（2013年）　（单位：分）

变量含义	0—3000元	3000—5000元	5000—10000元	10000元以上
经济增长质量总指数	57.95	61.09	61.51	60.88
物质福利	55.39	58.81	59.34	59.06
社会生活	58.18	61.48	61.72	60.84
个人生活	60.18	62.88	63.35	62.63
对本年度家庭收入增长的满意度	53.63	57.15	58.87	59.41
对本年度家庭消费增长的满意度	53.89	57.52	58.48	59.10
对居住条件的满意度	58.44	62.81	63.36	63.99
还贷（或债务）对生活造成的压力感	56.17	57.51	57.93	56.39
对本地物价状况的满意度	51.03	54.9	55.19	54.72

续表

变量含义	0—3000元	3000—5000元	5000—10000元	10000元以上
家庭未来收入增长的可能性	58.44	61.92	63.46	63.86
对本地就业环境的满意度	57.02	59.30	59.41	58.37
对本地投资或经商环境的满意度	55.66	60.79	60.72	61.15
对社会总体收入分配状况的满意度	54.58	58.72	58.57	57.67
对本地就学条件的满意度	59.94	62.70	61.98	61.99
对家庭成员就医状况的满意度	58.56	62.81	62.14	61.61
对本地的养老保障状况评价	58.42	60.51	59.80	60.20
对本地政府整体办事效率的满意度	54.58	57.62	58.28	56.74
对本地政府公信力的满意度	54.54	57.48	58.37	56.62
对自我社会地位（未受社会的歧视）的满意度	60.63	65.13	65.95	65.92
对本地社会治安状况的满意度	59.45	62.52	63.45	62.68
对社会的总体信任状况评价	59.37	62.41	62.75	61.19
对本人参与社会公共事务机会的满意度	58.46	62.48	62.96	61.21
对本地精神文化生活的满意度	60.57	63.45	63.36	62.22
对家务劳动强度的满意度	61.30	66.07	66.26	65.04
工作中所感受到的压力	59.98	60.31	60.64	61.90
对上下班路途所耗费的时间的满意度	61.54	64.24	64.35	63.16
对个人闲暇时间的满意度	60.37	62.96	63.91	61.73
工作或劳动强度与收入的是否相匹配	56.61	60.55	62.43	61.38

注：分类变量为受访者的每月平均收入。

表4-12表明，不同的收入群体之间对经济增长质量评价的差异性极为显著。从总体评价上来看，基本上呈现出中间高两端低的倒"U"型变动趋势，即收入最低和收入最高的组别经济增长质量的评价较低，而收入处于中间水平的经济经济增长质量评价较高，值得注意的是最低收入组的经济增长质量评价仍然是显著地低于最高收入组，低了2.93分，占4.8%；因而对经济增长质量评价最不满的是收入水平最低的人群。在三个结构变量中，物质福利的得分与收入水平的正相关性十分明显，基本上呈现出随着收入的增长而增长的态势。社会生活、个人生活的评价也与收

入水平呈正相关，但其相关性程度较物质福利而言更低。

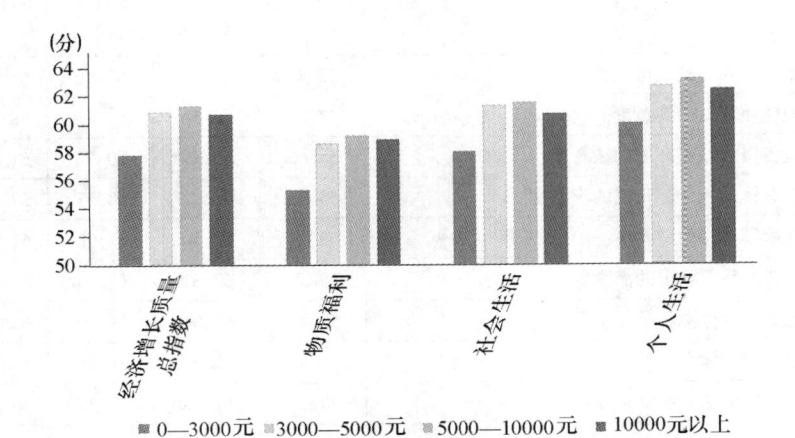

图 4-4 不同收入组的经济增长质量评价（2013 年）

对于各具体指标进一步分析可以发现，在物质福利的评价中收入最低的群体对物价状况、就业机会、投资与创新机会等方面的评价大幅度地低于其他收入组别。而社会生活方面（如教育、医疗、养老保障等）在不同收入组之间的差异性要相对地小于物质福利方面。这表明我国经济增长过程中对于社会各个阶层所带来的福利改善程度是不平等的，尤其是在物质福利方面，收入水平最低的群体不仅在绝对的收入和消费水平上没有得到较快增长，更为重要的是在社会机会上要明显低于其他群体，经济增长走向机会向富者集中的趋势。因此，创造更平等的就业机会，改善低收入者的市场条件是我国经济增长质量最为重要的问题之一。

表 4-13　不同收入水平的经济增长质量评价（2014 年）　　　（单位：分）

指　标	1	2	3	4
经济增长质量总得分	61.22	63.34	63.60	63.97
物质福利	54.72	57.19	58.54	58.10
社会生活	58.88	60.40	60.73	59.12
个人生活	61.15	62.90	63.52	63.87

续表

指　标	1	2	3	4
对收入增长状况的评价	49.94	53.14	56.10	56.01
对就业机会的评价	52.62	56.78	58.88	59.64
对物价状况的评价	49.93	52.12	54.71	53.77
对消费环境的评价	56.08	57.92	60.23	57.51
对未来的消费信心	57.19	60.01	61.61	60.88
对投资和创业机会的评价	53.66	57.18	58.89	59.99
对贷款成本和容易程度的评价	52.38	56.73	58.36	58.91
对财产拥有和增值状况的评价	53.45	56.22	59.13	59.45
对生活成本的评价	50.15	50.94	51.47	52.17
对税负程度的评价	54.93	55.43	54.93	54.35
对经济增长前景的评价	60.81	62.26	62.54	62.04
对经济政策的评价	59.60	61.41	61.91	60.72
对经济投入产出状况的评价	55.95	58.90	59.47	59.14
对经济结构合理性的评价	55.84	58.23	58.83	57.23
对经济稳定性的评价	58.42	60.58	61.07	59.67
对社会保障水平的评价	58.26	59.53	60.01	57.77
对医疗保障水平的评价	59.90	60.07	59.87	56.69
对社会治安的评价	59.67	62.36	62.31	61.88
对基础教育的评价	62.29	63.14	64.00	62.19
对交通便利状况的评价	63.12	64.22	63.85	62.71
对社区生活的评价	60.42	63.58	64.14	63.41
对生态环境状况的评价	57.24	58.17	57.76	56.96
对公共体育文化设施可使用性的评价	55.94	58.14	59.88	57.14
对社会诚信状态的评价	56.15	56.74	57.24	55.48
对政府服务和法治环境的评价	55.78	58.01	58.26	56.99
对自身健康状况的评价	67.23	68.25	69.12	68.93
对自身长寿可能性的评价	67.89	69.15	68.65	69.42
对个人闲暇时间的评价	59.43	61.18	60.81	61.21
对社会压力的评价	51.97	54.00	54.5	53.72
对家务劳动强度的评价	60.10	61.52	62.38	63.33
对个人成长前景的评价	60.24	63.26	65.66	66.62

注：1 代表月收入 0—4000 元；2 代表月收入 4000—8000 元；3 代表月收入 8000—12000 元；4 代表月收入 12000 元以上。

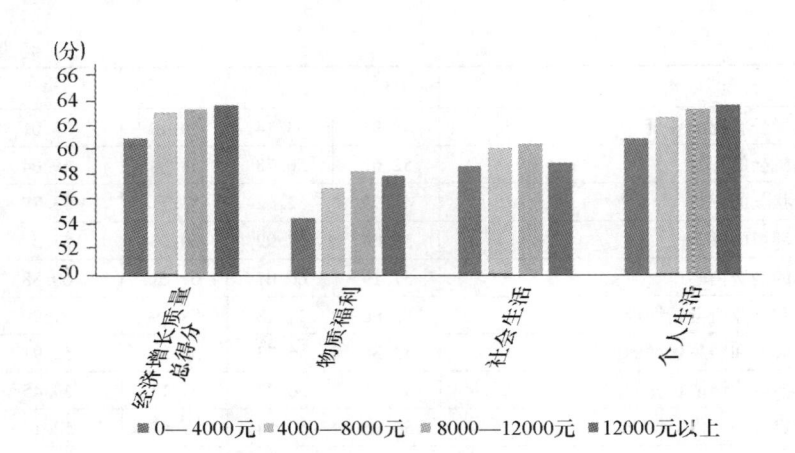

图 4-5　不同收入组的经济增长质量评价（2014 年）

2014 年经济增长质量总体得分呈现随着收入的增长而递增的关系，而物质福利与社会生活仍保持了随着收入的变化而呈倒"U"型曲线变化的关系，这表明随着时间的推移高收入组对经济增长质量的满意性在相对地下降，而中低收入组的满意性相对地增长了。两年度不同收入组的经济增长质量变动情况如表 4-14 所示。

表 4-14　2013—2014 年不同收入组的经济增长质量年度变动

	2013 年（分）	2014 年（分）	增长（%）
	低收入组		
经济增长质量总指数	57.95	57.31	-0.64
物质福利	55.39	54.72	-0.67
社会生活	58.18	58.88	0.7
个人生活	60.18	61.15	0.97
	中低收入组		
经济增长质量总指数	61.09	59.33	-1.76
物质福利	58.81	57.19	-1.62
社会生活	61.48	60.4	-1.08
个人生活	62.88	62.9	0.02

续表

	2013年（分）	2014年（分）	增长（%）
中高收入组			
经济增长质量总指数	61.51	60.21	-1.3
物质福利	59.34	58.54	-0.8
社会生活	61.72	60.73	-0.99
个人生活	63.35	63.52	0.17
高收入组			
经济增长质量总指数	60.88	59.55	-1.33
物质福利	59.06	58.1	-0.96
社会生活	60.84	59.12	-1.72
个人生活	62.63	63.87	1.24

注：由于分组标准不一致，收入分组的具体数值在两年度之间略有差异。

通过不同收入组的年度比较可以发现，中低收入组的经济增长质量评价下降幅度最大，下降了1.76分；其次为中高收入组和高收入组，分别下降了1.3分和1.33分；低收入组下降幅度最小，下降了0.64分。

（4）不同受教育程度的经济增长质量评价结构特征

表4-15　不同受教育程度人群的经济增长质量评价（2013年）　　（单位：分）

变量含义	文盲半文盲	小学	初中	高中或中专	大专或大学	研究生及以上
经济增长质量总指数	59.86	61.09	60.31	60.45	61.34	62.59
物质福利	58.04	58.99	58.05	58.41	59.08	60.63
社会生活	59.48	61.36	60.44	60.46	61.82	62.27
个人生活	61.97	62.82	62.33	62.37	63.01	64.79
对本年度家庭收入增长的满意度	56.69	57.81	57.17	57.67	58.59	60.54
对本年度家庭消费增长的满意度	55.19	57.74	57.12	57.86	58.22	60.80
对居住条件的满意度	62.92	61.74	61.46	63.08	63.53	64.54

续表

变量含义	文盲半文盲	小学	初中	高中或中专	大专或大学	研究生及以上
还贷（或债务）对生活造成的压力感	54.16	57.99	56.80	58.20	56.85	59.71
对本地物价状况的满意度	55.71	54.95	54.03	53.94	54.83	56.49
家庭未来收入增长的可能性	60.97	62.90	61.84	61.75	63.45	65.02
对本地就业环境的满意度	58.96	60.61	58.67	57.83	59.24	59.52
对本地投资或经商环境的满意度	60.52	59.64	59.54	59.78	60.92	62.01
对社会总体收入分配状况的满意度	59.48	58.60	57.32	57.24	58.43	59.07
对本地就学条件的满意度	61.36	63.78	61.66	61.18	62.47	60.06
对家庭成员就医状况的满意度	61.30	62.35	61.07	61.54	62.08	63.23
对本地的养老保障状况评价	59.68	60.23	59.79	59.32	60.20	60.10
对本地政府整体办事效率的满意度	55.45	57.49	56.68	57.06	58.02	59.04
对本地政府公信力的满意度	55.52	57.56	56.35	56.75	58.42	58.66
对自我社会地位（未受社会的歧视）的满意度	62.40	65.48	63.71	64.81	66.08	67.83
对本地社会治安状况的满意度	59.42	63.08	61.90	61.82	63.35	65.59
对社会的总体信任状况评价	60.78	61.54	61.99	61.10	62.68	62.84
对本人参与社会公共事务机会的满意度	59.87	61.13	61.18	60.88	63.41	63.29
对本地精神文化生活的满意度	61.69	62.99	62.81	62.63	62.85	64.31
对家务劳动强度的满意度	63.51	65.70	65.04	65.33	65.50	67.80
工作中所感受到的压力	59.29	59.14	59.63	60.75	61.01	66.04
对上下班路途所耗费的时间的满意度	63.83	64.41	64.68	63.14	63.60	63.39
对个人闲暇时间的满意度	63.90	64.07	62.24	62.17	63.44	62.46
工作或劳动强度与收入的是否相匹配	61.10	62.13	60.14	59.93	62.17	62.59

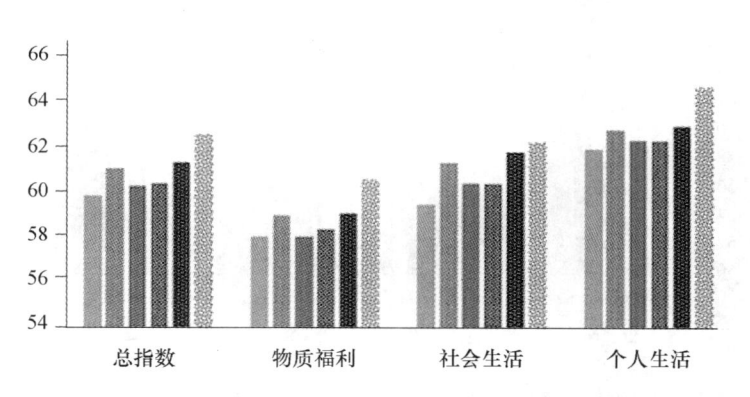

图 4-6　不同受教育程度人群的经济增长质量评价（2013 年）

表 4-15 与图 4-6 的结果表明，经济增长质量的评价与受教育程度这一变量之间是完全正相关的，即经济增长质量的评价随着受教育水平的提升而增长，其中提升幅度最大的是在"研究生以上"这一组别，其相对于学历为"大学"的组别提高了 1.25 分，即 2.2%。并且在物质福利、社会生活、个人生活等三个指标上，人们的评价也与受教育程度呈正相关关系。这表明，一方面，教育对于提升人力资本起着关键性作用，能够提高个体的收入水平，进而提升其物质福利，对于经济增长具有工具性意义，这是人力资本理论已经证明的；另一方面，数据也表明在社会生活以及个人生活方面，教育对于经济增长质量评价也具有正效应，这更说明了教育对于经济增长来说具有"建构性意义"，即教育能够提升人们的主观满意度，是体现经济增长质量最为重要的方面之一。

表 4-16　　不同受教育程度人群的经济增长质量评价（2014 年）　　（单位：分）

	1	2	3	4	5	6
经济增长质量总指数	58.59	58.82	59.08	58.25	59.17	57.80
物质福利	55.63	56.06	56.81	56.18	57.33	56.34
社会生活	61.37	61.26	60.39	59.10	59.51	57.48
个人生活	61.37	61.68	62.55	62.06	63.21	61.97

1 代表小学及以下；2 代表初中；3 代表高中及中专；4 代表大专；5 代表大学；6 代表研究生及以上。

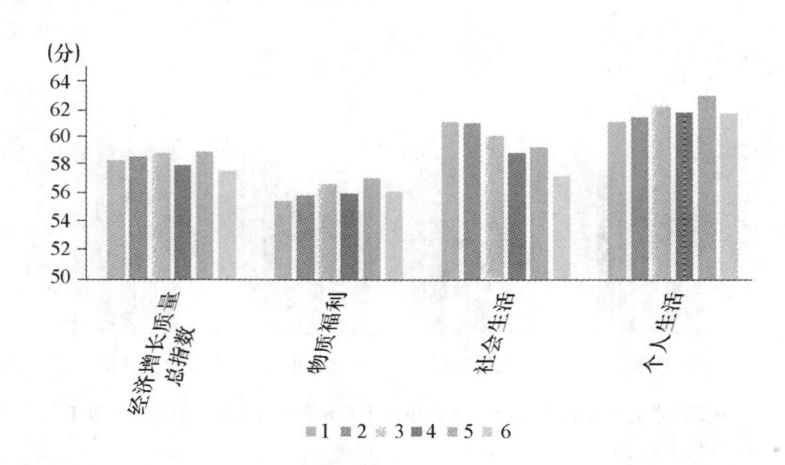

图4-7 按不同受教育水平分组的经济增长质量评价（2014年）

2014年不同受教育程度的经济增长质量评价数据表明，教育对于老百姓的经济增长质量评价仍然总体上是正相关的，但其影响的形式从原来的正相关关系逐步转变为倒"J"型曲线关系，在物质福利领域评价最高的组为"大学"文化程度，而评价最低的是"小学及以下"文化程度，这说明受教育水平对于个人的收入增长具有重要的影响，从而影响了人们的经济机会。另外，在个人生活领域也同样地呈现出这一结构，教育除了通过影响收入间接地影响人们的经济增长质量评价以外，还能够直接地提高人的生活质量，但这种效应是边际递减的，其原因可能是受教育程度较高的群体其对于个人生活质量的预期也达到了更高的水平，且在我国经济进入到从"速度时代"向"质量时代"转变的过程中，受教育水平更高以及收入水平较高的群体其影响更加敏感。因而，在转变时期受教育程度较高的群体其对经济增长质量的感知评价下降的幅度相对更高。这一结论与《2014中国幸福报告》所发布的数据一致，这一调查结果显示小学文化程度的群体幸福感最高，而博士研究生的幸福感最低。[1] 从经济增长质量的角度来说，随着人们受教育程度的提升，其对于高品质生活有更高的期望，但在经济转型的过程中，我国经济发展的固有属性却落后于人们预期的提升。

---

[1] 资料来源：凤凰网（http://fj.ifeng.com/news/jinriredian/detail_2015_02/14/3567818_0.shtml）。

表4-17　　不同受教育程度人群经济增长质量评价的年度变化

分类变量	变　　量	2013年（分）	2014年（分）	增长（%）
小学及以下	经济增长质量总指数	61.09	58.59	-2.50
	物质福利	58.99	55.63	-3.36
	社会生活	61.36	61.37	0.01
	个人生活	62.82	61.37	-1.45
初中		2013	2014	
	经济增长质量总指数	60.31	58.82	-1.49
	物质福利	58.05	56.06	-1.99
	社会生活	60.44	61.26	0.82
	个人生活	62.33	61.68	-0.65
高中或中专		2013	2014	
	经济增长质量总指数	60.45	59.08	-1.37
	物质福利	58.41	56.81	-1.60
	社会生活	60.46	60.39	-0.07
	个人生活	62.37	62.55	0.18
大专或大学		2013	2014	
	经济增长质量总指数	61.34	59.17	-2.17
	物质福利	59.08	57.33	-1.75
	社会生活	61.82	59.51	-2.31
	个人生活	63.01	63.21	0.20
研究生及以上		2013	2014	
	经济增长质量总指数	62.59	57.80	-4.79
	物质福利	60.63	56.34	-4.29
	社会生活	62.27	57.48	-4.79
	个人生活	64.79	61.97	-2.82

表4-17的结果表明，在各个不同受教育程度群体对于经济增长质量的评价降幅呈现不同的结构，如前面所预测的结果，受教育程度最高的群体对于经济增长质量的评价下降幅度最大，经济增长质量整体下降了4.79分，物质福利下降了4.29分，社会生活下降了4.79分，因而在我

国经济发展的转折时期,受教育程度最高的群体由于预期值提高而使得其评价降幅最大。此外,对于受教育程度最低的群体来说,其物质福利的评价下降也达到了 3.36 分,这说明我国经济发展进入转折期,对于原有的低收入人群的物质福利产生了较大的影响。

(5) 经济增长质量评价的城乡差异

表4-18　　　城乡对比的经济增长质量评价（2013年）　　　（单位：分）

变量含义	农村	城市	城市-农村
经济增长质量总指数	60.42	61.12	0.70
物质福利	58.76	58.76	0
社会生活	60.44	61.39	0.95
个人生活	61.93	63.11	1.18
对本年度家庭收入增长的满意度	57.36	58.34	0.98
对本年度家庭消费增长的满意度	57.33	58.16	0.83
对居住条件的满意度	61.29	63.47	2.18
还贷（或债务）对生活造成的压力感	58.37	56.95	-1.42
对本地物价状况的满意度	53.93	54.87	0.94
家庭未来收入增长的可能性	63.62	62.33	-1.29
对本地就业环境的满意度	59.47	58.73	-0.74
对本地投资或经商环境的满意度	59.85	60.48	0.63
对社会总体收入分配状况的满意度	58.51	57.82	-0.69
对本地就学条件的满意度	62.07	61.88	-0.19
对家庭成员就医状况的满意度	61.56	61.91	0.35
对本地的养老保障状况评价	59.54	60.03	0.49
对本地政府整体办事效率的满意度	56.41	57.85	1.44
对本地政府公信力的满意度	56.53	57.78	1.25
对自我社会地位（未受社会的歧视）的满意度	64.12	65.64	1.52
对本地社会治安状况的满意度	61.86	63.00	1.14
对社会的总体信任状况评价	60.99	62.42	1.43
对本人参与社会公共事务机会的满意度	61.31	62.30	0.99
对本地精神文化生活的满意度	62.39	63.05	0.66

续表

变量含义	农村	城市	城市－农村
对家务劳动强度的满意度	64.29	65.92	1.63
工作中所感受到的压力	60.65	60.79	0.14
对上下班路途所耗费的时间的满意度	62.61	64.26	1.65
对个人闲暇时间的满意度	61.39	63.48	2.09
工作或劳动强度与收入的是否相匹配	59.93	61.71	1.78

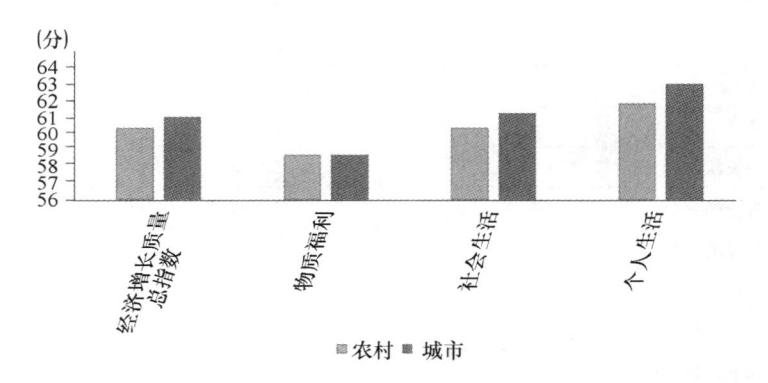

图4-8 农村与城市经济增长质量评价的对比（2013年）

表4-18的结果表明，城市的经济增长质量总体评价要高于农村，高出了0.7%，造成差异的主要方面在于社会生活和个人生活方面，城市分别高出农村0.95%和1.18%。我国经济增长质量不高的重要结构性问题就是城乡二元化发展结构，经济增长质量的调查数据表明，这种二元结构目前已不仅仅体现在物质福利方面，而更多地体现在社会生活与个人生活方面。随着各种支援农村政策的出台，农村居民的收入水平有了较大的提高，其增长幅度高于城镇居民，虽然城乡收入水平在绝对水平上仍有很大差距，但相对而言农村居民对物质福利的改善状况有更高的感知，在未来收入增长可能性方面农村居民得分甚至要高出城市居民1.29个百分点。但是这种收入差距的相对下降并没有带来城乡经济增长质量的趋同，根据调查数据，其主要原因在于农村在社会建设上落后于城市，在社会地位、政府办事效率、养老、医疗等方面，农村居民评价低于城市的现象较为突出。在个人生活方面，农村居民所有的指标都要低于城市居民，尤其是在

个人闲暇时间、工作强度、家庭劳动强度等方面差异尤为明显。这也从另一方面说明了,经济增长质量的提升既要不断地减少城乡收入差距,更要进一步降低城乡之间社会建设的差距,通过更大的社会公共投入提高城乡公共服务的平等性。

表 4-19　　城乡对比的经济增长质量评价（2014 年）　　（单位：分）

指标	城市	农村	城市-农村
经济增长质量总得分	58.69	59.17	-0.48
物质福利	56.62	56.95	-0.33
社会生活	59.44	60.68	-1.24
个人生活	62.65	62.21	0.44
对收入增长状况的评价	52.68	53.46	-0.78
对就业机会的评价	56.54	55.09	1.45
对物价状况的评价	51.65	52.89	-1.24
对消费环境的评价	57.35	58.43	-1.08
对未来的消费信心	59.45	59.37	0.08
对投资和创业机会的评价	57.07	55.62	1.45
对贷款成本和容易程度的评价	56.55	54.30	2.25
对财产拥有和增值状况的评价	56.24	56.00	0.24
对生活成本的评价	50.39	52.13	-1.74
对税负程度的评价	53.98	57.71	-3.73
对经济增长前景的评价	61.80	61.79	0.01
对经济政策的评价	60.61	61.32	-0.71
对经济投入产出状况的评价	58.13	57.89	0.24
对经济结构合理性的评价	57.25	57.88	-0.63
对经济稳定性的评价	59.58	60.50	-0.92
对社会保障水平的评价	58.44	60.32	-1.88
对医疗保障水平的评价	58.40	62.38	-3.98
对社会治安的评价	61.36	61.54	-0.18
对基础教育的评价	62.33	64.34	-2.01
对交通便利状况的评价	62.71	65.74	-3.03
对社区生活的评价	62.69	62.43	0.26
对生态环境状况的评价	57.27	58.56	-1.29

续表

指　　标	城市	农村	城市-农村
对公共体育文化设施可使用性的评价	57.86	56.91	0.95
对社会诚信状态的评价	56.24	57.09	-0.85
对政府服务和法治环境的评价	57.08	57.53	-0.45
对自身健康状况的评价	67.72	69.04	-1.32
对自身长寿可能性的评价	68.52	68.96	-0.44
对个人闲暇时间的评价	60.88	59.63	1.25
对社会压力的评价	53.61	52.71	0.90
对家务劳动强度的评价	61.37	61.49	-0.12
对个人成长前景的评价	63.80	61.38	2.42

表4-19的数据表明，在2014年，城乡的经济增长质量结构出现了逆转，原有的城市领先于农村的状况转变为农村整体领先于城市；在经济增长质量总指数方面，农村从2013年的落后0.7分转变为领先0.48分。

表4-20　　　　　经济增长质量评价的城乡年度对比

		2013年（分）	2014年（分）	增长（%）
农村	经济增长质量总指数	60.42	59.17	-1.25
	物质福利	58.76	56.95	-1.81
	社会生活	60.44	60.68	0.24
	个人生活	61.93	62.21	0.28
城市	经济增长质量总指数	61.12	58.69	-2.43
	物质福利	58.76	56.62	-2.14
	社会生活	61.39	59.44	-1.95
	个人生活	63.11	62.65	-0.46

从年度变化来看，城市的经济增长质量评价下降幅度高于农村，较2013年下降了2.43分，而农村为1.25分，这与我国当前农村居民收入增长高于城市居民的客观指标变动是一致的，2014年我国农村居民收入增长9.2%，城市居民收入增长6.8%，农村居民高出2.4个百分点；2013年农村居民收入增长9.3%，城市居民收入增长7%；农村居民高出

2.3个百分点;2014年农村居民的收入增速高于城市居民的幅度进一步提高。

(6) 不同区域间经济增长质量评价的差异

表4-21　　　　　不同区域经济增长质量评价的差异　　　　（单位:分）

变量含义	东部	中部	西部
经济增长质量总指数	59.53	59.84	56.57
物质福利	62.23	61.74	58.99
社会生活	63.92	63.32	60.67
个人生活	61.93	61.67	58.78
对本年度家庭收入增长的满意度	58.30	59.23	56.48
对本年度家庭消费增长的满意度	58.50	58.93	56.06
对居住条件的满意度	62.49	64.93	61.10
还贷（或债务）对生活造成的压力感	58.55	57.58	55.50
对本地物价状况的满意度	55.10	57.37	50.93
家庭未来收入增长的可能性	62.59	64.60	60.72
对本地就业环境的满意度	59.98	59.49	56.94
对本地投资或经商环境的满意度	62.05	60.61	57.66
对社会总体收入分配状况的满意度	59.21	58.42	55.98
对本地就学条件的满意度	62.62	62.50	60.38
对家庭成员就医状况的满意度	62.81	63.32	58.85
对本地的养老保障状况评价	61.94	57.96	59.29
对本地政府整体办事效率的满意度	59.10	57.50	55.21
对本地政府公信力的满意度	58.78	57.98	55.05
对自我社会地位（未受社会的歧视）的满意度	65.44	66.80	63.20
对本地社会治安状况的满意度	64.21	64.89	58.24
对社会的总体信任状况评价	62.31	62.88	60.68
对本人参与社会公共事务机会的满意度	63.20	62.02	60.48
对本地精神文化生活的满意度	64.00	63.61	60.54

续表

变 量 含 义	东部	中部	西部
对家务劳动强度的满意度	65.96	67.08	63.04
工作中所感受到的压力	64.83	58.05	58.29
对上下班路途所耗费的时间的满意度	62.94	66.83	61.62
对个人闲暇时间的满意度	62.40	64.68	61.61
工作或劳动强度与收入的是否相匹配	61.70	61.95	59.76

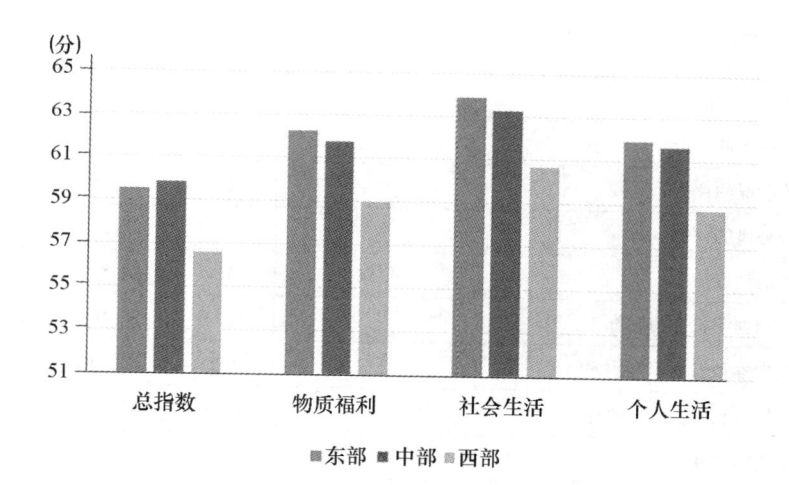

图 4-9 经济增长质量的区域对比

表 4-21 给出了经济增长质量在东、中、西部地区不同区域间的得分，该结果表明经济增长质量的评价在区域之间存在着较为明显的差异。从图 4-9 可以进一步直观地看到，经济增长质量总体上是在东、中、西部地区间依次递减，而东、中、西部地区恰好代表了我国经济增长总量的区域递减顺序。这说明，我国的区域差异不仅体现在经济增长的数量上，还体现在经济增长的质量上。物质福利的区域差异已不难理解，而进一步值得关注的是社会生活与个人生活的评价也存在着较为显著的差异性。尤其是西部地区与中部地区和东部地区间的差距十分明显，而中部与东部之间的差距较小。这说明居民对经济增长质量的评价可能具有一定的收入临界点效应，即收入增长到一定阶段后，经济增长质量的评价就会上升得很小。西部地区作为我国经济发展最为落后的地区，在提升人们的经济增长

质量评价，尤其是社会生活与个人生活等方面还有很大的空间，这是促进区域协调发展、改善经济的区域结构的重要内容。

表 4-22　　　　**不同区域的经济增长质量评价（2014 年）**　　　　（单位：分）

指标	东部	中部	西部
经济增长质量总得分	59.62	58.79	57.94
物质福利	57.46	56.97	55.60
社会生活	60.56	59.27	59.38
个人生活	63.50	62.53	61.40
对收入增长状况的评价	54.09	53.37	51.10
对就业机会的评价	57.77	56.00	54.18
对物价状况的评价	52.51	52.65	50.89
对消费环境的评价	58.17	57.35	57.31
对未来的消费信心	60.03	59.80	58.49
对投资和创业机会的评价	58.00	56.16	55.42
对贷款成本和容易程度的评价	56.89	55.83	54.60
对财产拥有和增值状况的评价	57.63	56.16	54.41
对生活成本的评价	51.31	52.43	49.08
对税负程度的评价	54.63	55.66	55.06
对经济增长前景的评价	62.32	61.80	61.20
对经济政策的评价	61.00	61.16	60.33
对经济投入产出状况的评价	58.94	58.46	56.65
对经济结构合理性的评价	58.07	57.65	56.47
对经济稳定性的评价	60.52	59.98	58.94
对社会保障水平的评价	59.62	59.09	58.14
对医疗保障水平的评价	59.59	59.13	60.01
对社会治安的评价	62.61	61.30	60.09
对基础教育的评价	63.86	61.63	62.83
对交通便利状况的评价	65.64	62.36	62.26
对社区生活的评价	64.23	62.10	61.14

续表

指标	东部	中部	西部
对生态环境状况的评价	56.60	57.44	59.19
对公共体育文化设施可使用性的评价	58.68	56.37	57.37
对社会诚信状态的评价	56.83	56.99	55.61
对政府服务和法治环境的评价	57.95	56.29	57.15
对自身健康状况的评价	69.21	67.51	67.38
对自身长寿可能性的评价	69.97	68.77	67.04
对个人闲暇时间的评价	61.07	61.23	59.33
对社会压力的评价	53.47	55.07	51.82
对家务劳动强度的评价	62.43	60.17	61.27
对个人成长前景的评价	64.80	62.41	61.52

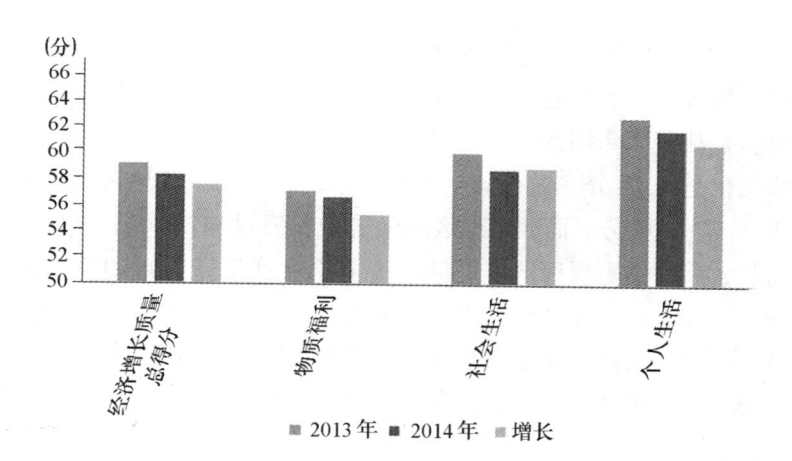

图 4-10 经济增长质量的区域对比（2014 年）

表 4-22 和图 4-10 共同表明，2014 年我国的经济增长质量仍然存在着显著的区域性特征，其与 2013 年的结构基本一致，即在东、中、西部地区间递减，虽然西部地区经济增长的速度继续保持领先的地位，但是其在经济增长质量上仍然与中部地区尤其是东部地区有着较大的差距。

表4-23　　　不同区域经济增长质量评价的年度对比　　　（单位：分）

区域	指标	2013年	2014年	增长
东部	经济增长质量总得分	59.53	59.62	0.09
	物质福利	62.23	57.46	-4.77
	社会生活	63.92	60.56	-3.36
	个人生活	61.93	63.50	1.57
中部	经济增长质量总得分	59.84	58.79	-1.05
	物质福利	61.74	56.97	-4.77
	社会生活	63.32	59.27	-4.05
	个人生活	61.67	62.53	0.86
西部	经济增长质量总得分	56.57	57.94	1.37
	物质福利	58.99	55.60	-3.39
	社会生活	60.67	59.38	-1.29
	个人生活	58.78	61.40	2.62

表4-23给出了主要的经济增长质量评价指标的年度间对比状况，这一统计数据表明，东部地区的经济增长质量总体得分与2013年基本一致，但在物质福利方面降幅达到了4.77分，是三个区域降幅最大的，中部地区的降幅也是4.77分，在社会生活方面东部地区和中部地区的降幅分别为3.36分和4.05分。而西部地区的经济增长质量却较2013年有了1.37分的增长，其中物质福利下降3.39分，社会生活下降了1.29分，降幅均低于中、东部地区，并且在个人生活方面增长了2.62分，这表明随着西部地区经济增长速度领先于东部地区，其与东部地区的经济增长质量差异也在缩小，但与东部地区的经济发展质量的差距仍然存在。

二　各地区排名

（一）经济增长质量总指数及分指数排名

表4-24　　　　经济增长质量总指数省市排名（2013年）

排名	省市	经济增长质量总指数（分）
1	天津市	68.54
2	浙江省	65.99

续表

排　名	省市	经济增长质量总指数（分）
3	湖北省	65.36
4	山东省	65.35
5	吉林省	65.14
6	辽宁省	64.84
7	山西省	64.62
8	福建省	64.49
9	广西壮族自治区	63.63
10	四川省	62.54
11	云南省	62.18
12	黑龙江省	60.88
13	新疆维吾尔自治区	60.71
14	湖南省	60.61
15	贵州省	60.58
16	宁夏回族自治区	60.52
17	上海市	60.44
18	江苏省	59.65
19	河南省	59.64
20	安徽省	59.35
21	河北省	59.24
22	江西省	58.77
23	重庆市	58.71
24	北京市	57.53
25	广东省	56.65
26	陕西省	55.36
27	海南省	55.04
28	青海省	54.81
29	内蒙古自治区	50.32

2013年，经济增长质量总指数排名前三位的依次为天津市、浙江省和湖北省，两个省市天津市、浙江省为东部发达地区，人均GDP较高；一个省份（湖北省）为中部地区，人均GDP略高于全国平均水平；而人

均 GDP 排名前列的上海市、北京市和广东省，经济增长质量总指数则分别排在了第 17、24 位和第 25 位，这一现象说明经济增长质量的整体评价与经济增长的客观指标（人均 GDP）之间并无直接关联，人均 GDP 对于人们的经济增长质量评价总体而言存在着一定的临界点效应，一方面，人均 GDP 较高是使得人们具有较高的经济增长质量感知的前提，排名前三位的天津市、浙江省、湖北省其人均 GDP 都处在全国平均值之上；另一方面，人均 GDP 与人们的经济增长质量又存在着一定的背离，人均 GDP 并不是使得人们有较高的经济增长质量感知的充分条件，一些人均 GDP 排名前列的省市其经济增长质量排名较后就是例证。对于经济增长质量的主客观指标之间的关系，后面的章节还将进行更为深入的分析。

表 4-25　　　　经济增长质量总指数省市排名（2014 年）

排　名	省　市	经济增长质量总指数（分）
1	天津市	70.61
2	山东省	66.43
3	湖南省	65.90
4	福建省	65.61
5	重庆市	65.17
6	广西壮族自治区	64.63
7	四川省	64.63
8	河南省	64.50
9	宁夏回族自治区	64.14
10	广东省	64.02
11	内蒙古自治区	63.81
12	浙江省	63.77
13	湖北省	63.69
14	黑龙江省	63.41
15	江苏省	63.12
16	陕西省	62.58
17	上海市	62.17
18	西藏自治区	62.16
19	辽宁省	62.13

续表

排　名	省　市	经济增长质量总指数（分）
20	贵州省	61.90
21	青海省	61.50
22	云南省	60.61
23	新疆维吾尔自治区	60.60
24	山西省	60.40
25	北京市	60.34
26	安徽省	59.58
27	海南省	59.50
28	江西省	58.99
29	河北省	58.18
30	吉林省	57.05
31	甘肃省	55.40

表4-26　　　　2013年各省人均GDP排名

人均GDP排名	地区	GDP（亿元）	人均GDP（元）
1	天津市	14370.16	99607
2	北京市	19500.56	93213
3	上海市	21602.12	90092
4	江苏省	59161.75	74607
5	浙江省	37568.49	68462
6	内蒙古自治区	16832.38	67498
7	辽宁省	27077.65	61686
8	广东省	62163.97	58540
9	福建省	21759.64	57856
10	山东省	54684.33	56323
11	吉林省	12981.46	47191
12	重庆市	12656.69	42795
13	陕西省	16045.21	42692
14	湖北省	24668.49	42613
15	宁夏回族自治区	2565.06	39420
16	河北省	28301.41	38716

续表

人均GDP排名	地区	GDP（亿元）	人均GDP（元）
17	黑龙江省	14382.93	37509
18	新疆维吾尔自治区	8360.24	37181
19	湖南省	24501.67	36763
20	青海省	2101.05	36510
21	海南省	3146.46	35317
22	山西省	12602.24	34813
23	河南省	32155.86	34174
24	四川省	26260.77	32454
25	江西省	14338.5	31771
26	安徽省	19038.87	31684
27	广西壮族自治区	14378	30588
28	西藏自治区	807.67	26068
29	云南省	11720.91	25083
30	甘肃省	6268.01	24296
31	贵州省	8006.79	22922

　　2014年经济增长质量排名前三位的依次是天津市、山东省和湖南省，这一排名与2013年相比，虽然具体的省份发生了变化，但结构却高度地一致，依然是两个东部发达省市加上一个中部省份，天津市依然是排名第1位，在2013年排名第2位的浙江省由山东省代替；排名第3位的湖北省由湖南省来代替；而人均GDP靠后的一些省份，在2014年的经济增长质量总体指数中排名落后的趋势更为明显，如云南、山西、江西、甘肃等省，分别排名经济增长质量总指数的第22、24、28位和第31位，这也说明了经济增长质量的评价需要以一定的客观指标增长作为支撑。

表4-27　　　　　　物质福利省市排名（2013年）

排名	省市	物质福利（分）
1	天津市	66.55
2	山西省	64.01
3	山东省	63.90

续表

排　名	省市	物质福利（分）
4	福建省	63.21
5	浙江省	62.95
6	黑龙江省	62.82
7	广西壮族自治区	62.67
8	辽宁省	62.60
9	湖北省	62.21
10	吉林省	61.75
11	云南省	59.88
12	四川省	59.66
13	宁夏回族自治区	59.36
14	湖南省	59.03
15	新疆维吾尔自治区	58.98
16	安徽省	57.64
17	上海市	57.57
18	贵州省	57.42
19	江苏省	56.86
20	河南省	56.67
21	江西省	56.35
22	重庆市	55.56
23	河北省	55.54
24	北京市	54.75
25	广东省	54.17
26	海南省	54.16
27	陕西省	52.96
28	青海省	51.62
29	内蒙古自治区	49.16

2013年在物质福利指标上，排名前三位的依次是天津市、山西省和山东省，其排名与经济增长质量的总体评价大致类似，人均GDP排名第1位的天津市，在经济增长质量评价上也排名第1位，而同时人均GDP也是排名靠前（第6位）的内蒙古自治区却排名倒数第1位，同时北京、

广东等经济发达的省市也排名落后,这表明人们对于经济增长所带来的物质福利改善的感知并不存在完全正相关关系,有时甚至是相反的关系,这正是社会上有人认为自己的收入随着经济增长而"被增长"的主要原因。

表4-28　　　　　　　物质福利省市排名(2014年)

排　名	省　市	经济增长质量总指数(分)
1	天津市	67.24
2	福建省	61.15
3	湖南省	59.66
4	黑龙江省	59.37
5	广西壮族自治区	59.04
6	河南省	58.80
7	浙江省	58.42
8	山东省	58.28
9	重庆市	58.26
10	安徽省	57.16
11	四川省	56.85
12	湖北省	56.80
13	广东省	56.79
14	上海市	56.62
15	江苏省	56.61
16	云南省	56.27
17	陕西省	56.23
18	西藏自治区	56.17
19	青海省	55.93
20	北京市	55.62
21	宁夏回族自治区	55.55
22	贵州省	55.33
23	辽宁省	54.75
24	河北省	54.06
25	内蒙古自治区	53.88
26	江西省	53.76

续表

排 名	省 市	经济增长质量总指数（分）
27	吉林省	53.75
28	山西省	53.71
29	新疆维吾尔自治区	53.00
30	海南省	52.67
31	甘肃省	48.71

2014年物质福利排名前三位的是天津市、福建省与湖南省，其结构与2013年类似。

表4-29　　　　社会生活省市排名（2013年）

排 名	省 市	物质福利（分）
1	天津市	69.03
2	浙江省	66.93
3	辽宁省	66.78
4	山东省	65.85
5	吉林省	65.80
6	湖北省	65.79
7	云南省	65.05
8	福建省	64.65
9	山西省	64.05
10	四川省	63.79
11	广西壮族自治区	62.59
12	宁夏回族自治区	61.03
13	贵州省	60.82
14	湖南省	60.61
15	黑龙江省	60.43
16	安徽省	60.20
17	江苏省	60.01
18	新疆维吾尔自治区	59.98
19	上海市	59.81
20	河北省	59.33

续表

排 名	省 市	物质福利（分）
21	河南省	59.05
22	江西省	58.74
23	北京市	58.63
24	重庆市	57.91
25	陕西省	56.51
26	广东省	55.47
27	青海省	54.12
28	海南省	53.32
29	内蒙古自治区	49.42

表4-30　　社会生活省市排名（2014年）

排 名	省 市	经济增长质量总指数（分）
1	天津市	67.31
2	福建省	65.87
3	黑龙江省	63.03
4	重庆市	62.87
5	湖南省	62.73
6	西藏自治区	62.68
7	青海省	62.55
8	山东省	62.36
9	上海市	61.92
10	宁夏回族自治区	61.88
11	广西壮族自治区	61.64
12	浙江省	61.06
13	四川省	60.60
14	江苏省	60.20
15	河南省	59.52
16	湖北省	59.26
17	云南省	59.22
18	辽宁省	59.12
19	广东省	58.47

续表

排 名	省 市	经济增长质量总指数（分）
20	安徽省	58.32
21	新疆维吾尔自治区	57.54
22	北京市	57.39
23	陕西省	57.35
24	贵州省	57.27
25	山西省	57.21
26	内蒙古自治区	56.89
27	江西省	56.86
28	海南省	56.80
29	河北省	55.40
30	吉林省	54.88
31	甘肃省	52.77

表4-31 **个人生活排名（2013年）**

排 名	省 市	物质福利（分）
1	天津市	69.88
2	湖北省	67.97
3	浙江省	67.94
4	吉林省	67.78
5	山东省	66.13
6	山西省	65.67
7	广西壮族自治区	65.55
8	福建省	65.46
9	辽宁省	64.89
10	四川省	64.02
11	上海市	63.90
12	贵州省	63.43
13	河南省	63.18
14	新疆维吾尔自治区	63.12
15	河北省	62.84
16	重庆市	62.67

续表

排　名	省　市	物质福利（分）
17	湖南省	62.07
18	江苏省	61.98
19	云南省	61.32
20	江西省	61.15
21	宁夏回族自治区	61.00
22	广东省	60.32
23	安徽省	60.04
24	黑龙江省	59.17
25	北京市	59.09
26	青海省	58.71
27	海南省	57.61
28	陕西省	56.46
29	内蒙古自治区	52.34

表4-32　**个人生活省市排名（2014年）**

排　名	省　市	经济增长质量总指数（分）
1	天津市	69.66
2	福建省	68.57
3	湖南省	65.77
4	河南省	65.44
5	山东省	64.80
6	黑龙江省	64.66
7	浙江省	64.19
8	上海市	64.16
9	重庆市	63.54
10	宁夏回族自治区	62.98
11	青海省	62.88
12	四川省	62.87
13	江苏省	62.81
14	辽宁省	62.76
15	江西省	62.74

续表

排　名	省　市	经济增长质量总指数（分）
16	广西壮族自治区	62.59
17	陕西省	62.55
18	贵州省	62.30
19	海南省	62.28
20	云南省	62.03
21	广东省	61.82
22	湖北省	61.33
23	内蒙古自治区	61.28
24	安徽省	60.49
25	山西省	60.13
26	新疆维吾尔自治区	59.63
27	河北省	59.34
28	北京市	57.87
29	吉林省	57.60
30	西藏自治区	56.76
31	甘肃省	52.92

（二）各指标的区域排名

为了便于比较分析，本部分选取了2013年与2014年调查中相同或相似的指标，分别是对收入增长的评价、对消费增长情况的评价、对投资或创业机会的评价、对教育机会的评价、对医疗条件的评价、对政府办事效率的评价、对个人闲暇时间的评价等7个指标。

表4-33　　　　　对收入增长满意度的排名　　　　　（单位：分）

排　名	省市	2013年	排　名	省市	2014年
1	山东省	66.49	1	天津市	68.18
2	山西省	64.56	2	黑龙江省	59.18
3	天津市	64.00	3	湖南省	59.00
4	浙江省	63.29	4	福建省	58.78

续表

排 名	省市	2013年	排 名	省市	2014年
5	辽宁省	62.67	5	浙江省	56.74
6	吉林省	62.21	6	河南省	55.08
7	福建省	62.19	7	广西壮族自治区	55.06
8	云南省	61.93	8	重庆市	55.00
9	黑龙江省	60.82	9	安徽省	54.17
10	湖南省	60.19	10	江苏省	54.15
11	广西壮族自治区	59.68	11	云南省	53.80
12	湖北省	59.54	12	山东省	53.69
13	四川省	58.93	13	广东省	53.55
14	宁夏回族自治区	58.74	14	西藏自治区	52.84
15	新疆维吾尔自治区	58.68	15	北京市	52.52
16	贵州省	58.14	16	四川省	52.46
17	江西省	57.26	17	青海省	52.10
18	河南省	56.05	18	上海市	51.91
19	安徽省	56.00	19	贵州省	51.65
20	海南省	55.15	20	湖北省	50.56
21	河北省	55.12	21	辽宁省	49.92
22	重庆市	54.45	22	宁夏回族自治区	49.49
23	上海市	53.60	23	陕西省	49.38
24	江苏省	53.41	24	河北省	49.32
25	陕西省	53.13	25	山西省	49.07
26	青海省	51.90	26	海南省	49.00
27	北京市	51.40	27	新疆维吾尔自治区	48.85
28	内蒙古自治区	50.06	28	江西省	48.83
29	广东省	49.36	29	内蒙古自治区	47.94
			30	吉林省	47.70
			31	甘肃省	43.10

表 4-34　　　　　　　　　对消费增长满意度的排名　　　　　　　　（单位：分）

排 名	省 市	2013 年	排 名	省 市	2014 年
1	天津市	67.00	1	天津市	65.56
2	山东省	63.93	2	福建省	61.43
3	福建省	63.50	3	重庆市	61.17
4	浙江省	62.73	4	广西壮族自治区	60.50
5	辽宁省	62.42	5	黑龙江省	59.64
6	山西省	62.37	6	河南省	59.54
7	吉林省	61.79	7	湖南省	59.50
8	云南省	61.74	8	上海市	59.22
9	黑龙江省	61.13	9	山东省	59.22
10	湖南省	60.95	10	陕西省	58.99
11	广西壮族自治区	60.00	11	广东省	58.70
12	湖北省	59.62	12	西藏自治区	58.53
13	四川省	59.41	13	宁夏回族自治区	58.28
14	宁夏回族自治区	58.74	14	浙江省	58.26
15	新疆维吾尔自治区	58.11	15	青海省	58.20
16	上海市	57.00	16	四川省	58.00
17	河北省	56.41	17	北京市	57.65
18	河南省	56.41	18	辽宁省	57.50
19	贵州省	56.27	19	湖北省	57.31
20	安徽省	55.83	20	安徽省	57.08
21	江西省	55.42	21	云南省	56.54
22	北京市	55.10	22	江苏省	56.30
23	陕西省	53.98	23	内蒙古自治区	55.81
24	海南省	52.58	24	贵州省	55.76
25	重庆市	52.36	25	山西省	55.13
26	江苏省	52.04	26	江西省	54.58
27	青海省	52.00	27	新疆维吾尔自治区	54.01
28	广东省	49.73	28	河北省	53.76
29	内蒙古自治区	48.81	29	吉林省	53.38
			30	甘肃省	51.60
			31	海南省	51.50

表4-35 对投资或创业环境满意度的排名 （单位：分）

排名	省市	2013年	排名	省市	2014年
1	天津市	70.44	1	天津市	66.87
2	辽宁省	66.96	2	福建省	61.74
3	浙江省	66.76	3	湖南省	61.40
4	吉林省	64.71	4	浙江省	59.42
5	山东省	64.63	5	广西壮族自治区	59.38
6	湖北省	64.27	6	河南省	58.92
7	山西省	63.56	7	广东省	58.74
8	广西壮族自治区	63.51	8	山东省	58.35
9	黑龙江省	63.33	9	陕西省	57.70
10	福建省	62.87	10	海南省	57.33
11	四川省	62.78	11	湖北省	57.24
12	云南省	62.48	12	上海市	56.96
13	上海市	61.30	13	重庆市	56.92
14	宁夏回族自治区	60.81	14	四川省	56.71
15	新疆维吾尔自治区	60.53	15	江苏省	56.21
16	安徽省	60.08	16	安徽省	56.08
17	贵州省	59.38	17	贵州省	56.08
18	河北省	59.31	18	西藏自治区	56.08
19	广东省	58.52	19	北京市	55.63
20	重庆市	57.45	20	云南省	55.36
21	河南省	57.36	21	内蒙古自治区	55.19
22	湖南省	57.06	22	宁夏回族自治区	54.84
23	北京市	56.80	23	黑龙江省	54.73
24	江苏省	56.11	24	河北省	54.43
25	江西省	56.01	25	青海省	53.90
26	陕西省	53.35	26	辽宁省	53.75
27	海南省	53.03	27	江西省	53.15
28	青海省	50.10	28	新疆维吾尔自治区	52.31
29	内蒙古自治区	47.31	29	山西省	52.27
			30	吉林省	52.23
			31	甘肃省	46.97

表 4-36　　　　　　　　　对本地区教育评价的排名　　　　　　　（单位：分）

排名	省市	2013年	排名	省市	2014年
1	云南省	81.83	1	天津市	69.39
2	天津市	69.44	2	重庆市	68.50
3	湖北省	68.49	3	福建省	68.39
4	浙江省	68.47	4	山东省	67.69
5	辽宁省	67.50	5	上海市	67.48
6	福建省	66.50	6	西藏自治区	67.06
7	湖南省	66.16	7	广西壮族自治区	65.69
8	四川省	66.09	8	湖北省	65.56
9	吉林省	65.93	9	浙江省	65.40
10	山东省	65.74	10	宁夏回族自治区	64.39
11	山西省	63.06	11	湖南省	63.75
12	广西壮族自治区	62.66	12	青海省	63.70
13	贵州省	62.36	13	安徽省	63.67
14	上海市	62.30	14	江苏省	63.45
15	安徽省	62.29	15	广东省	62.90
16	新疆维吾尔自治区	61.00	16	四川省	62.79
17	江苏省	60.66	17	黑龙江省	62.50
18	河南省	60.05	18	内蒙古自治区	62.13
19	北京市	59.80	19	贵州省	61.71
20	江西省	58.63	20	河南省	61.62
21	重庆市	58.27	21	甘肃省	60.91
22	河北省	58.20	22	云南省	60.89
23	陕西省	58.07	23	辽宁省	60.50
24	宁夏回族自治区	55.93	24	北京市	60.17
25	广东省	54.70	25	陕西省	60.00
26	黑龙江省	52.89	26	新疆维吾尔自治区	59.78
27	青海省	51.70	27	江西省	58.60
28	海南省	51.52	28	海南省	57.50
29	内蒙古自治区	48.88	29	山西省	57.47
			30	河北省	57.20
			31	吉林省	54.53

表4-37　　　　　　　对本地区医疗评价的排名　　　　　　（单位：分）

排　名	省市	2013年	排　名	省市	2014年
1	天津市	67.78	1	天津市	66.46
2	湖北省	67.41	2	重庆市	66.25
3	浙江省	67.36	3	宁夏回族自治区	63.89
4	辽宁省	66.50	4	云南省	63.74
5	山东省	66.49	5	福建省	63.61
6	福建省	66.12	6	青海省	62.9
7	吉林省	64.57	7	湖南省	62.70
8	四川省	63.85	8	黑龙江省	62.27
9	贵州省	63.73	9	上海市	62.26
10	湖南省	63.51	10	浙江省	61.30
11	广西壮族自治区	63.51	11	广西壮族自治区	60.50
12	山西省	62.69	12	西藏自治区	60.20
13	安徽省	62.42	13	山东省	60.00
14	黑龙江省	62.39	14	江苏省	59.50
15	江苏省	61.50	15	湖北省	58.99
16	江西省	61.49	16	河南省	58.96
17	河南省	61.41	17	甘肃省	58.90
18	北京市	61.00	18	四川省	58.88
19	上海市	60.80	19	贵州省	58.48
20	陕西省	60.68	20	安徽省	58.13
21	新疆维吾尔自治区	58.95	21	吉林省	57.77
22	河北省	58.80	22	河北省	57.43
23	重庆市	58.73	23	辽宁省	57.25
24	云南省	57.61	24	江西省	57.21
25	广东省	56.78	25	海南省	57.17
26	青海省	56.20	26	新疆维吾尔自治区	57.05
27	宁夏回族自治区	55.56	27	陕西省	56.63
28	海南省	52.58	28	广东省	56.44
29	内蒙古自治区	49.12	29	北京市	56.39
			30	内蒙古自治区	56.00
			31	山西省	55.40

表4-38 对本地区政府办事效率评价的排名 （单位：分）

排名	省市	2013年	排名	省市	2014年
1	天津市	66.00	1	天津市	65.25
2	辽宁省	64.67	2	福建省	64.22
3	山东省	64.50	3	广西壮族自治区	62.50
4	浙江省	64.49	4	重庆市	61.42
5	吉林省	64.29	5	青海省	61.10
6	云南省	63.58	6	山东省	60.16
7	湖北省	62.26	7	河南省	59.96
8	福建省	61.69	8	黑龙江省	59.77
9	黑龙江省	61.57	9	浙江省	59.38
10	广西壮族自治区	61.17	10	湖南省	59.30
11	宁夏回族自治区	59.85	11	西藏自治区	58.43
12	四川省	59.47	12	上海市	58.09
13	山西省	58.31	13	四川省	57.58
14	上海市	57.60	14	宁夏回族自治区	57.52
15	江苏省	55.93	15	陕西省	57.25
16	贵州省	55.59	16	广东省	57.18
17	河北省	55.53	17	云南省	56.70
18	新疆维吾尔自治区	55.47	18	新疆维吾尔自治区	56.37
19	北京市	54.60	19	江苏省	55.67
20	江西省	54.58	20	安徽省	55.63
21	河南省	54.05	21	贵州省	55.25
22	湖南省	53.98	22	湖北省	54.66
23	安徽省	53.83	23	辽宁省	54.63
24	陕西省	51.59	24	北京市	54.62
25	重庆市	50.82	25	海南省	54.50
26	青海省	50.70	26	山西省	53.53
27	广东省	50.30	27	吉林省	52.73
28	海南省	49.70	28	河北省	52.70
29	内蒙古自治区	46.69	29	内蒙古自治区	52.19
			30	江西省	52.12
			31	甘肃省	49.60

表4-39　　　　　　　　对个人闲暇时间评价的排名　　　　　　　（单位：分）

排　名	省市	2013年	排　名	省市	2014年
1	吉林省	69.36	1	天津市	68.18
2	浙江省	68.47	2	黑龙江省	67.64
3	辽宁省	68.04	3	青海省	65.10
4	黑龙江省	67.11	4	福建省	64.96
5	湖北省	67.03	5	湖南省	64.85
6	宁夏回族自治区	66.52	6	上海市	64.17
7	四川省	66.09	7	浙江省	63.66
8	山西省	65.94	8	重庆市	62.92
9	天津市	65.33	9	河南省	62.33
10	云南省	65.23	10	山东省	62.04
11	广西壮族自治区	64.68	11	江西省	61.90
12	山东省	64.05	12	四川省	61.38
13	贵州省	63.54	13	贵州省	61.27
14	安徽省	63.50	14	陕西省	60.67
15	湖南省	63.46	15	湖北省	60.45
16	福建省	63.19	16	广西壮族自治区	60.37
17	江西省	62.74	17	江苏省	60.25
18	重庆市	61.55	18	广东省	60.24
19	河南省	60.45	19	宁夏回族自治区	59.75
20	新疆维吾尔自治区	60.37	20	辽宁省	59.04
21	陕西省	60.17	21	海南省	58.67
22	河北省	59.68	22	云南省	58.60
23	江苏省	59.64	23	安徽省	58.50
24	上海市	59.00	24	内蒙古自治区	58.25
25	广东省	58.33	25	西藏自治区	57.25
26	青海省	58.20	26	新疆维吾尔自治区	56.92
27	北京市	56.40	27	山西省	56.67
28	海南省	56.36	28	河北省	55.81
29	内蒙古自治区	51.75	29	吉林省	54.24
			30	北京市	53.36
			31	甘肃省	46.10

三 关于经济增长质量的特征性事实

2013年,居民感知的经济增长质量总指数为60.93分,在构成经济增长质量的三个结构变量中,物质福利指数最低为58.76分,且是唯一一个未达到及格线的方面,两个非物质条件指数——社会生活指数和个人生活指数则分别为61.13分和62.78分。2014年对物质福利的评价仍然是最低的,仅为56.72分,较经济增长质量的总体评价低了2.13分,且是三个领域中下降幅度最大的一个领域。数据呈现出我国经济增长质量的主要结构特征是:我国居民在物质福利这一基本需求上的评价较低,而在非物质福利指数上评价较高。由此可以进一步得出的结论是,我国在向市场经济转型的过程中,市场的作用逐步增强,但是健全的市场体系还未建立,政府在改善居民福利尤其是非物质福利方面还发挥着主导作用。以下特征性事实可支撑这一结论。

(一)对收入增长结果的评价不高反映了我国国民收入分配体系中居民收入比重不高的问题

居民对收入增长的感知最为直接,因而也是评价经济增长质量最为重要的指标之一。调查数据表明,2013年我国居民对家庭收入增长的满意度为58.07分,未达到60分的及格线。2014年这一指标的得分为52.93分,仍然处于及格线以下,且低于总体得分达5.92分。虽然随着我国经济的快速增长,城乡居民的绝对收入水平在不断增长,但是其增长的速度与总体经济增长速度不匹配,居民收入在社会总收入中的比重持续下降,因而居民从经济快速增长的过程中所获得的实际收益不充分。收入的国内生产总值显示,我国国内生产总值中,劳动者报酬所占的比重在持续下降,劳动者报酬占GDP的比重由2004年的50.7%下降到2011年的44.9%,而同期世界平均的劳动者报酬占GDP的比重约为50%—55%。[①]同时,由于通货膨胀的压力,居民所感知的实际收入水平在下降,加剧了居民对收入的不满意程度。导致劳动者报酬比重不断下降的主要原因在于

---

① 数据转引自中国社会科学院:《中国经济形势分析与预测2013》,社科文献出版社2013年版。

我国经济发展过程中，市场的作用发挥不够充分，主要表现在金融市场的不完善，居民的财产性收入增长滞后，城镇居民与农村居民的财产性收入占总收入的比重均在3%以下，从2002年至2012年的十年间城镇居民和农村居民的财产性收入占比分别仅增长了1.37个百分点和0.8个百分点。长期的金融抑制，使得居民的财产性收入在总收入中的比重下降，而金融抑制限制了居民的财富增值以及社会的消费增长。另外，政府的宏观税负较高以及对社会保障投入等涉及二次分配的投入不够也是导致居民相对收入增长缓慢的体制性原因。[①] 相关学者的实证研究认为，经过税收以及转移支付等再分配以后，资本和劳动要素的收入份额低于税前收入份额，而政府的收入份额高于税前收入份额，这些因素导致经济发展能够让居民感知的程度越来越低。

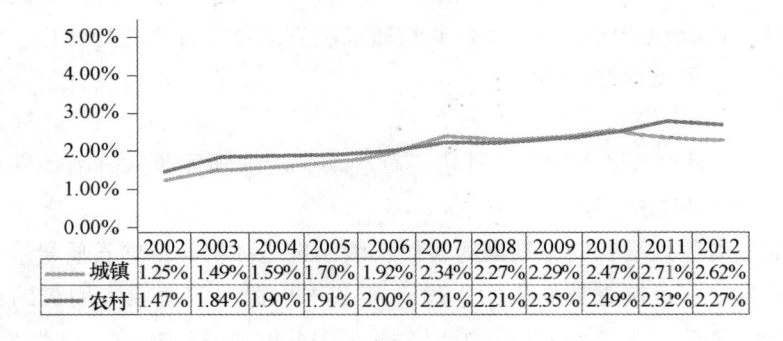

	2002	2003	2004	2005	2006	2007	2008	2009	2010	2011	2012
城镇	1.25%	1.49%	1.59%	1.70%	1.92%	2.34%	2.27%	2.29%	2.47%	2.71%	2.62%
农村	1.47%	1.84%	1.90%	1.91%	2.00%	2.21%	2.21%	2.35%	2.49%	2.32%	2.27%

图4-11 我国居民的财产性收入占总收入的比重（2002—2012年）[②]

（二）对于消费增长的评价不高反映了我国经济增长结构中消费需求增长不足

经济增长对于居民带来的实际感知同时应体现在消费增长上，调查数据表明人们对消费增长的满意度为57.93分，在所有调查指标中排名倒数第5位；2014年该指标得分为57.65分，仍然徘徊在低位，这反映了我国经济增长质量中居民消费增长的不足。从我国经济增长的客观数据中分析可知，导致这一问题的原因主要在于我国的经济增长模式仍然主要是以

[①] 白重恩、钱震杰：《谁在挤占居民的收入》，载《中国社会科学》2009年第5期。
[②] 数据来源：中经网统计数据库。

投资驱动型为主,消费对于 GDP 增长的作用未得到充分发挥。2013 年,消费对经济增长的贡献率下降为 50%,较投资贡献率低 4.4 个百分点。消费的贡献率在 2000 年开始下降,在 2002 年至 2013 年处于小幅波动之中,一般要低于投资的贡献率。与此同时,居民消费在总消费中的比重也在下降,从 2000 年的 74.5% 下降到 2012 年的 72.7%。

2002—2012 年间,城镇居民人均消费增长率为 7.5%,农村居民的年均消费增长率为 7.4%,而同期人均 GDP 的增长率为 9.6%,城镇和农村的人均消费增长分别落后于人均 GDP 增长 2.1 个百分点和 2.2 个百分点。因而,居民的消费增长落后于经济的增长速度。

(三) 对社会收入分配状况的评价较低表明我国的市场经济发展的包容性不够

社会对增长结果的评价还体现在增长结果能否公平地为社会所分享,在物质福利增长指标中,居民对社会收入分配状况的评价也没有达到及格线,为 58.01 分。这反映了我国经济增长过程中,不同人群间、区间和城乡之间的收入差距在不断拉大的现实,成为影响我国经济增长质量的主要因素。从基尼系数来看,我国的总体收入基尼系数从 2002 年开始就超过了收入差距的国际警戒线 0.404。因而对经济增长质量感知不高的另一个重要原因还在于社会收入分配的不公平性在加剧,虽然绝对收入在增长,但是由于收入分配的不公平性而导致人们实际感知的经济增长质量不高。2013 年我国农村居民的人均年纯收入为 8896 元,而人均年纯收入的中位数为 7907 元,城镇居民的人均可支配收入为 26955 元,而可支配收入的中位数为 24200 元,中位数分别低于平均数 11.1% 和 10.2%,社会多数人口的收入未能达到社会平均水平。收入分配状况的恶化是经济增长包容性不高的表现,占人口较大多数的社会中的低收入者对于经济增长成果的分享能力较低,导致了居民总体的经济增长质量感知较低。社会收入分配差距的扩大,有许多因素造成,如人力资本、财政转移支付、城镇化水平等,但市场化是影响我国居民收入差异的一个重要的制度要素,市场分割、行业进入壁垒以及腐败等破坏市场健康发展的因素是造成收入分配差距的主要原因。

（四）我国区域间的经济增长质量差异反映了随着市场化程度提升而提高的趋势

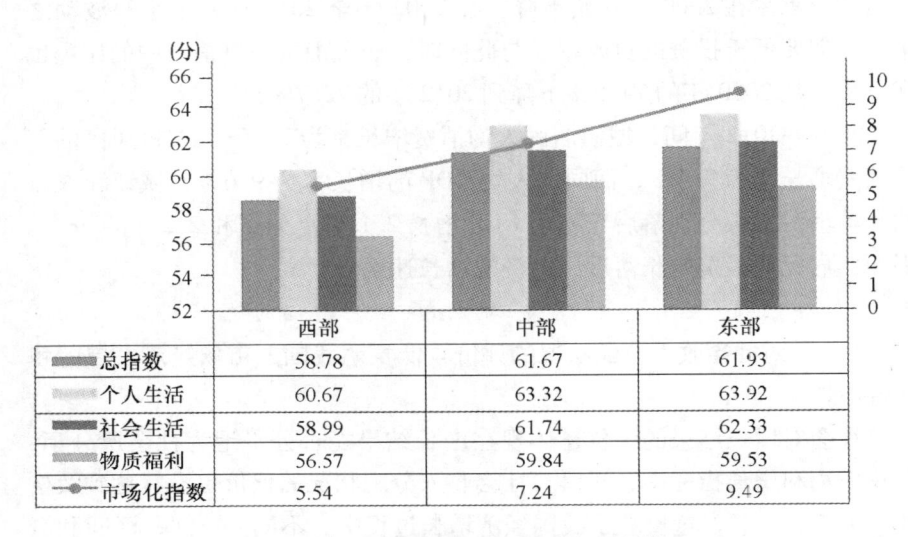

	西部	中部	东部
总指数	58.78	61.67	61.93
个人生活	60.67	63.32	63.92
社会生活	58.99	61.74	62.33
物质福利	56.57	59.84	59.53
市场化指数	5.54	7.24	9.49

图 4-12　不同区间经济增长质量①

注：右轴为区域的市场化指数。

东、中、西部地区经济增长质量的得分分别为 61.93 分、61.67 分和 58.78 分，经济增长质量在区域上的变化趋势与我国经济发展水平以及东、中、西部地区的市场化水平变动趋势一致，即在东、中、西部区间随着市场化程度的下降而递减。除了物质福利指标在东部与中部几乎相等以外，社会生活、个人生活指标均在东、中、西部地区间递减。虽然我国在区域平衡发展方面进行了较大的政策投入，西部地区的经济增长速度有了较快增长，但是西部地区仍然在经济增长的质量方面较中部地区和东部地区有较大差距，这进一步说明市场体系的建立对经济增长质量的提升更为重要。

图 4-13 的数据表明，经济增长质量中主要的物质福利指标总体上在东、中、西部间递减，在投资与就业环境、收入分配公平性等方面在东、中、西部地区域间递减的趋势最为明显。投资与就业环境的评价是一个区

---

① 市场化指数引自樊纲等《中国市场化指数 2011》，经济科学出版社 2011 年版。区域市场指数的计算方法为区域所涵盖的省市的市场化总体指数的平均分。

域主要的市场化程度指标，因而市场化程度较高的区域由于能够为居民带来更多的市场机会，使得社会总体的收入分配状况也更加公平，并且在收入、消费、物价等方面均具有较高的评价。

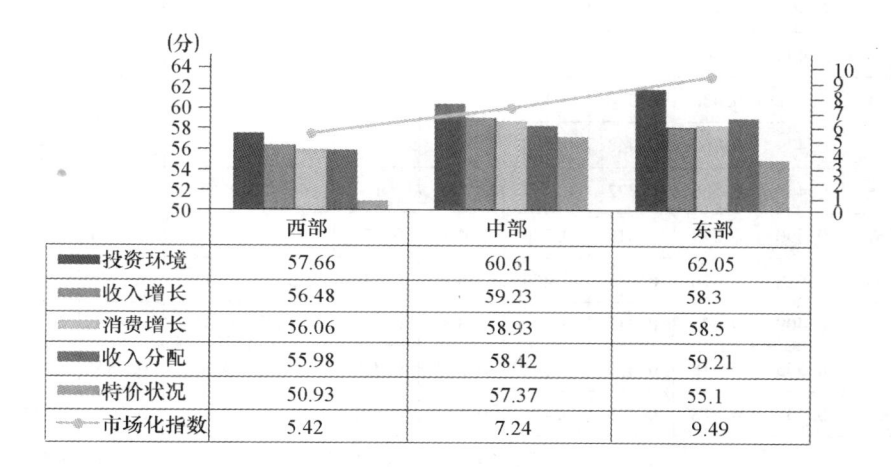

	西部	中部	东部
投资环境	57.66	60.61	62.05
收入增长	56.48	59.23	58.3
消费增长	56.06	58.93	58.5
收入分配	55.98	58.42	59.21
物价状况	50.93	57.37	55.1
市场化指数	5.42	7.24	9.49

图4-13 各区域主要物质福利指标的对比

注：右轴为区域的市场化指数。

四 相关性分析

经济增长质量评价的各个指标之间可能存在着的关系对解构居民的经济增长质量评价内部结构具有一定的启示，以下分别给出了经济增长质量各个指标的相关系数矩阵：

表4-40　　　物质福利评价指标相关系数矩阵（2013年）

	a1	a2	a3	a4	a5	a6	a7	a8	a9
a1	1								
a2	0.804	1							
a3	0.590	0.579	1						
a4	0.0787	0.0860	0.0458	1					
a5	0.550	0.540	0.443	0.157	1				
a6	0.552	0.542	0.495	0.104	0.516	1			
a7	0.503	0.515	0.442	0.103	0.555	0.486	1		
a8	0.493	0.504	0.461	0.112	0.523	0.473	0.728	1	
a9	0.546	0.545	0.471	0.108	0.559	0.498	0.620	0.611	1

表4-41　　　　物质福利评价指标相关系数矩阵（2014年）

	a1	a2	a3	a4	a5	a6	a7	a8	a9	a10
a1	1									
a2	0.601	1								
a3	0.434	0.403	1							
a4	0.442	0.432	0.570	1						
a5	0.479	0.460	0.448	0.559	1					
a6	0.468	0.505	0.372	0.447	0.563	1				
a7	0.390	0.379	0.318	0.380	0.416	0.478	1			
a8	0.512	0.470	0.388	0.459	0.500	0.539	0.505	1		
a9	0.409	0.372	0.417	0.370	0.396	0.401	0.367	0.468	1	
a10	0.333	0.318	0.335	0.351	0.330	0.327	0.330	0.380	0.485	1
a11	0.431	0.418	0.329	0.425	0.534	0.493	0.377	0.486	0.397	0.415
a12	0.433	0.407	0.337	0.423	0.483	0.475	0.379	0.483	0.377	0.418
a13	0.464	0.435	0.357	0.423	0.478	0.518	0.437	0.531	0.438	0.414
a14	0.449	0.423	0.391	0.436	0.442	0.487	0.421	0.509	0.443	0.406
a15	0.421	0.405	0.357	0.429	0.463	0.456	0.400	0.473	0.377	0.372

	a11	a12	a13	a14	a15
a11	1				
a12	0.665	1			
a13	0.574	0.617	1		
a14	0.539	0.608	0.648	1	
a15	0.547	0.564	0.588	0.645	1

从表4-40可见，2013年相关系数较高的几组指标分别为a1（收入增长的满意度）与a2（消费增长的满意度）、a2与a3（居住条件的满意度），这两组关系均不难理解，因为收入增长与消费的增长一般呈正相关关系，而消费与居住条件也同样主要受到了收入水平的影响。此外，a7（就业环境的满意度）、a8（投资或经商环境的满意度）以及a9（社会总体收入分配状况的满意度）两两之间的相关性较大，这表明当前就业以及市场的投资机会（包括市场的进入门槛、良好的竞争秩序等）对提高

人们的社会公平感具有正效应。因此，对于经济增长质量中"社会收入分配公平"的目标来说，应主要关注于市场的初次收入分配，即要让老百姓有更多的就业机会、更好的和更公平的投资与经商的机会，辅之以政府所进行的社会收入再分配的调节。公平的就业和经商环境能够提升居民对社会收入分配公平性的评价。

2014年相关性较高的几组变量分别是a1（收入增长的满意度）与a2（就业机会的评价），这说明对于老百姓来说能否就业是决定其对收入增长满意性的重要因素；a5（未来消费的信心）、a6（投资或创业的机会），老百姓对于消费的信心不仅来自于当前的收入，还来自于对投资或创业机会的信心，因而消费的启动将更多地依赖于创造更多的投资和创业的机会，减少人们创业的门槛；a11（对经济增长前景的评价）与a12（对经济政策的评价），表明人们对未来经济增长的看法与政策制定者的政策稳定性和有效性有着较大的关联。

表4-42　　　　社会生活评价指标相关系数（2013年）

	a10	a11	a12	a13	a14	a15	a16	a17	a18
a10	1								
a11	0.637	1							
a12	0.514	0.581	1						
a13	0.539	0.580	0.559	1					
a14	0.528	0.564	0.527	0.838	1				
a15	0.460	0.509	0.454	0.506	0.532	1			
a16	0.487	0.519	0.450	0.579	0.592	0.547	1		
a17	0.497	0.522	0.465	0.591	0.639	0.549	0.570	1	
a18	0.457	0.479	0.438	0.540	0.560	0.506	0.514	0.653	1

表4-43　　　　社会生活评价指标相关系数（2014年）

	a16	a17	a18	a19	a20	a21	a22	a23	a24	a25
a16	1									
a17	0.748	1								
a18	0.518	0.520	1							
a19	0.523	0.558	0.538	1						

续表

	a16	a17	a18	a19	a20	a21	a22	a23	a24	a25
a20	0.431	0.427	0.486	0.509	1					
a21	0.493	0.486	0.533	0.535	0.545	1				
a22	0.441	0.439	0.459	0.449	0.410	0.514	1			
a23	0.454	0.444	0.423	0.471	0.411	0.541	0.555	1		
a24	0.506	0.505	0.506	0.461	0.392	0.488	0.568	0.565	1	
a25	0.546	0.523	0.511	0.503	0.422	0.490	0.478	0.519	0.586	1

2013年，在社会生活指标的相关系数矩阵中值得注意的是，a13（对政府办事效率的满意度）与a14（对政府公信力的评价）两者相关性较高，这表明在社会生活领域，政府的办事效率与其社会公信力具有重要的相关关系，对于居民来说政府的公信力只能是来自于与居民生活密切相关的具体事务的效率，而不能是一些没有实际意义的形象工程、面子工程等。此外，a17（对社会的总体信任状况）与a18（对参与社会公共事务的满意状况）的相关性也较大。

2014年，社会生活领域相关性较高的几组指标分别是：a16（对社会保障水平的评价）、a17（对医疗保障水平的评价），医疗保障是社会保障的重要组成部分，因而社会保障水平的高低与医疗保障构成直接的相关关系；a24（对社会诚信状况的评价）与a25（对政府办事效率的评价）。

表4-44　　　　个人生活指标相关系数矩阵（2013年）

	a19	a20	a21	a22	a23	a24
a19	1					
a20	0.568	1				
a21	0.120	0.133	1			
a22	0.396	0.392	0.0737	1		
a23	0.469	0.454	0.0296	0.496	1	
a24	0.461	0.430	0.0219	0.432	0.560	1

表4-45　　　　　　个人生活指标相关系数矩阵（2014年）

	a26	a27	a28	a29	a30	a31
a26	1					
a27	0.707	1				
a28	0.398	0.409	1			
a29	0.271	0.264	0.463	1		
a30	0.316	0.305	0.331	0.328	1	
a31	0.431	0.446	0.381	0.345	0.406	1

在个人生活指标上，2013年的相关系数均在0.6以下，相对而言相关性较高的是a19（对精神文化生活的满意度）与a20（对家务劳动的满意度），其可能的原因是一般而言生活水平较高的家庭能够有更多的休闲时间，因而家务劳动的强度较小，因此两者之间具有正相关关系。另一组相关性较高的变量是a23（对个人闲暇时间的满意度）与a24（工作或劳动强度与收入匹配度性的满意度），其原因在于个人的单位时间的产出越高（生产率越高），那么其劳动的强度可能越小，因而闲暇的时间也越高。2014年，相关系数整体也在0.6以下，仅有a26（对自身健康状况的评价）与a27（对自身长寿的可能性）两者之间的相关系数达到了0.7以下，而这与人们的常识是一致的。

表4-46　　　　经济增长质量各结构变量的相关系数（2013年）

	y1	y2	y3	y
y1	1			
y2	0.833	1		
y3	0.692	0.742	1	
y	0.924	0.946	0.873	1

表4-47　　　　经济增长质量各结构变量的相关系数（2014年）

	y1	y2	y3	y
y1	1			
y2	0.739	1		
y3	0.645	0.642	1	
y	0.640	0.625	0.610	1

注：y^1为物质福利；y^2为社会生活；y^3为个人生活；y为经济增长质量。

表4-47给出了经济增长质量评价的三个结构变量之间的相关系数。该结果表明，各变量之间都具有较高的相关性。相关系数最高的是物质福利与社会生活两项指标之间，相关系数为0.833，对于多数人来说，物质生活水平的提高（收入、消费、投资创业机会等）是社会生活（教育、医疗、社会保障等）的重要基础，只有个体的经济地位提升才能更好地改善社会生活的质量。其次，社会生活与个人生活之间的相关度较高，达到了0.742，这表明社会生活与个人生活之间具有重要的关联，虽然个人生活的满意度主要地取决于个人的受教育程度、收入、家庭背景等个体性因素，但会受到社会生活方面的影响，如政府的服务能力、总体的医疗、教育状况等方面。2014年的各结构变量之间的相关系数结构与2013年整体保持一致。

第五章 我国经济增长质量评价的回归分析

描述性统计分析所得出的关于我国经济增长质量的主要结论是：经济增长质量中物质福利的评价要低于社会生活与个人生活的评价，因而人们对物质福利的评价不高是导致其对经济增长无感的主要因素；市场发展的不健全是导致我国经济增长质量不高的主要原因，不同市场化程度的区域在经济增长质量尤其是物质福利指标上的差异支持了这一结论。为了进一步地验证这一结论，本部分进一步对区域经济增长质量差异性进行显著性分析。

一 经济增长质量回归模型的构建

回归分析需要解决的关键问题是，居民对经济增长质量的评价（包括总体评价与各具体指标的评价）主要受哪些个体性特征和社会环境特征的影响，并检验这种差异的显著性。由于在经济学的生活质量研究中，收入对人们的满意度或幸福感的评价是一个核心问题，因此本部分也将在一个回归模型中检验收入对居民感知的经济增长质量的显著性与弹性大小。

本书所提出的经济增长质量定义是"经济发展的成果被社会主体所满意的程度"，因而居民的感知是决定经济增长质量评价的关键性因素，决定居民感知的因素主要包含了两个方面：一是客观层面的指标，在个体层面主要是由居民的收入（或消费）来决定，同时也包含了由外部环境所决定的客观性因素，如所处地区的经济发展条件、社会发展水平等，这些因素是本书所要关注的关键性变量；二是居民的个体特征也将对经济增长的感知评价产生重要影响,如受教育程度、年龄、性别等,这些是经济增长质量评价回归模型中需要控制的变量。且从第四部分的描述性统计中也发现,经济增长质量的评价在不同的性别、年龄以及受教育程度群体之间存在着显著的差异,因而在回归模型中控制这些因素也是合理的。

综上分析,本书提出的回归分析模型是:

$$EQI_i = \beta_0 + \beta_1 X_i + \beta_2 X_j + \beta_3 year + u_i$$

其中 EGQ 为经济增长质量评价,β_K 为待估参数(k=0,1…,6),X_i 为被访者的个人特征,包括:性别(男性取值为1),受教育程度(edu),年龄(age),被访者所处的地区(region),每月平均收入(inc),户口(hukou)。由于收入取值范围较大,为了方便结果的呈现,模型对收入变量进行的对数化处理,其估计参数的含义就变成了收入每增长1个百分点,对于经济增长质量评价所带来的百分比变动。X_j 为被访者所在的区域特征,在本书中特指受访者所在的城市的特征,包括:该城市的人均GDP(perGDP),第三产业占比(sanch),城市的GDP增长率(gr_rate)。最后再加上年份的虚拟变量,0代表2013年,1代表2014年,该变量是为了反映经济增长质量的时间趋势。

回归分析需要研究的核心问题是:经济增长质量的评价在不同的人群之间是否存在着显著的差异;经济增长质量的决定因素主要是哪些;经济增长质量的主观评价与客观指标之间的关系,如:人们的主观评价与客观的收入指标之间是否存在着临界点效应,收入的增长与主观评价之间的关系到底是怎样的。通过以上问题的研究,验证本书第五部分的描述性统计中提出来的一些理论假设,并进而得到我国进一步提升经济增长质量的对策建议。这一研究的问题决定了本部分的模型设定,在个人特征方面除了性别、年龄等方面的特征以外,还加入了家庭月收入的客观指标;在区域特征方面,用人均GDP以及GDP增长率来代表当地的经济发展的固有属性情况,经济发展水平是影响人们经济增长质量感知的重要先决变量,用第三产业占GDP的比重来代表该区域的经济结构状况,一般而言,第三产业比重越高代表该区域的结构越优化,其资源的投入产出效率也越高。当然,一个地区的社会保障投入、公共基础设施投入等指标也是经济发展固有属性的重要方面,但限于城市数据的可获得性，以及本书仅限于考察经济增长质量评价与最为重要的客观指标 GDP 这一变量之间的关系，因而暂时未将这些变量加入到回归分析中去。

二 描述性统计

经济增长质量的"固有属性"包含经济总量的稳定可持续增长、经济结构的优化、投入产出效率以及社会福利的改善，本书主要选取每个城市的人均 GDP、GDP 增长率来代表经济增长的稳定可持续增长，用消费以及消费增长率、第三产业结构等变量为表征经济的结构优化方面。

（一）经济增长质量主观评价与人均 GDP 的关系

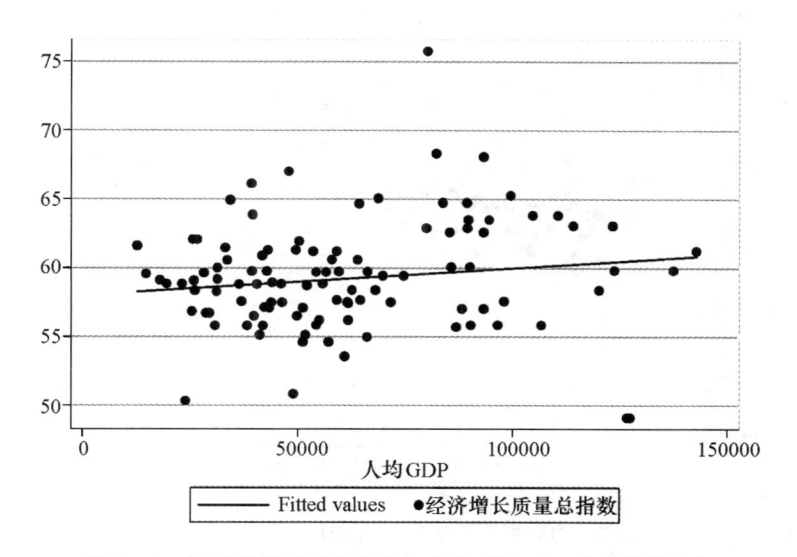

图 5-1 经济增长质量总指数与人均 GDP（一次曲线拟合）

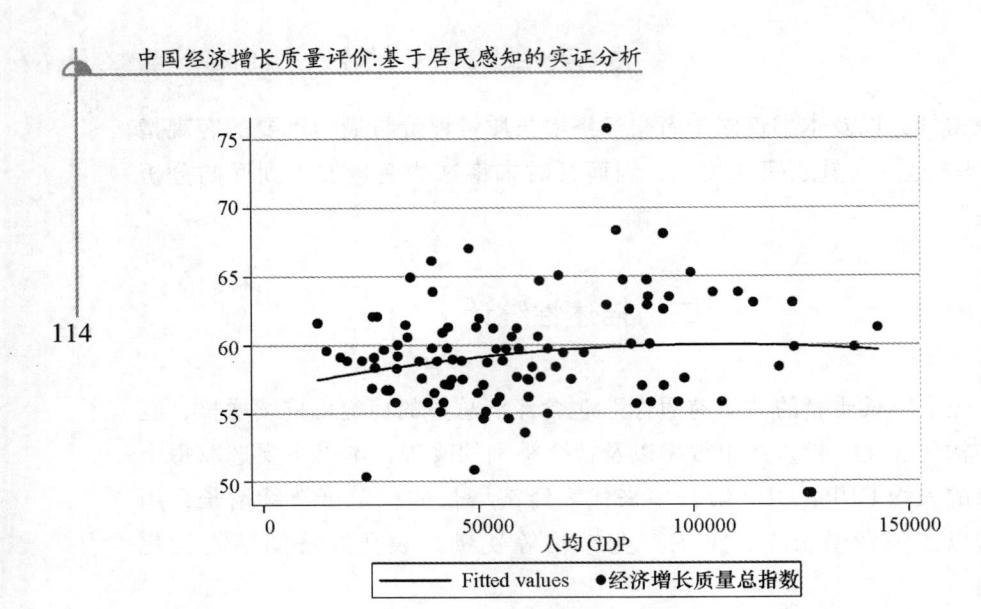

图 5-2　经济增长质量总指数与人均 GDP（二次曲线拟合）

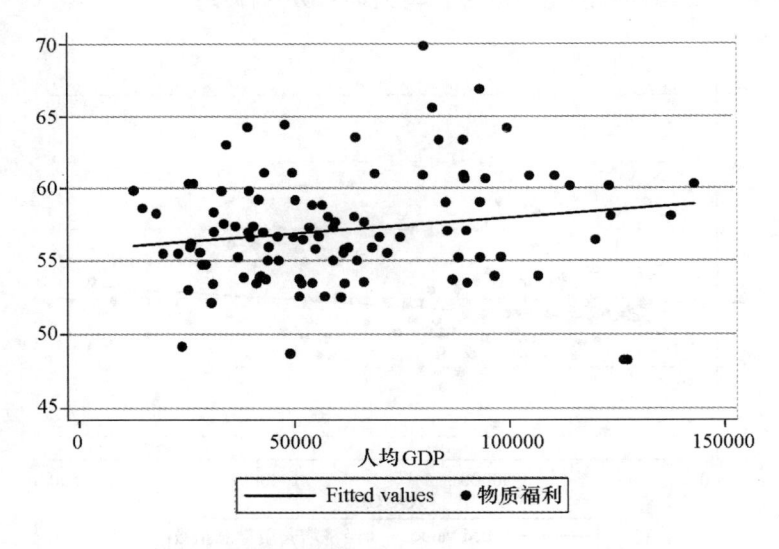

图 5-3　物质福利指数与人均 GDP（一次曲线拟合）

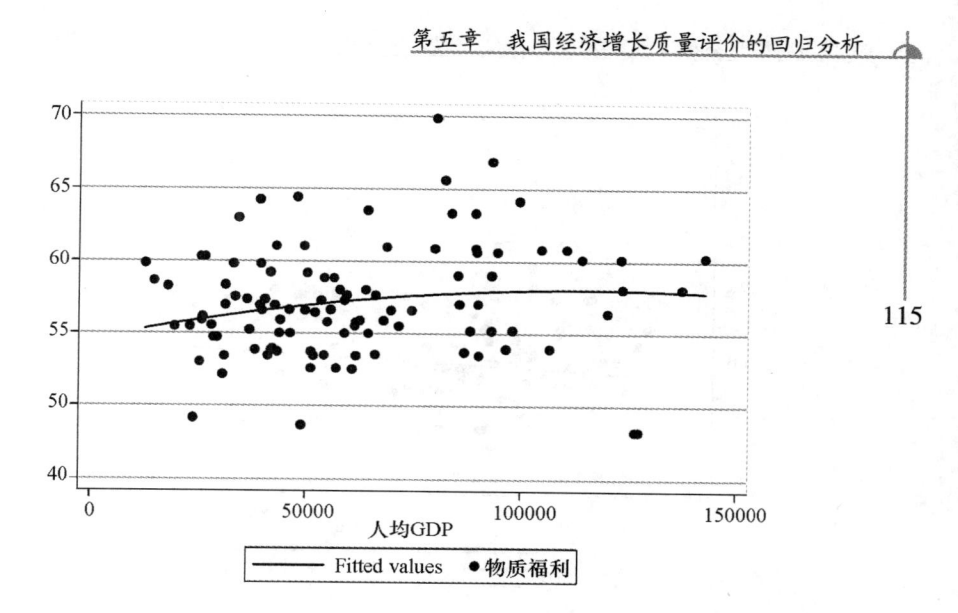

图 5-4 物质福利指数与人均 GDP（二次曲线拟合）

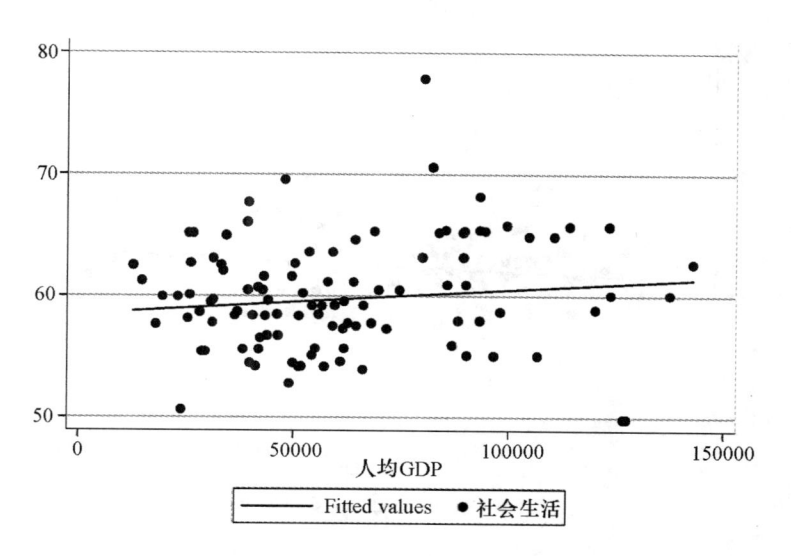

图 5-5 社会生活指数与人均 GDP（一次曲线拟合）

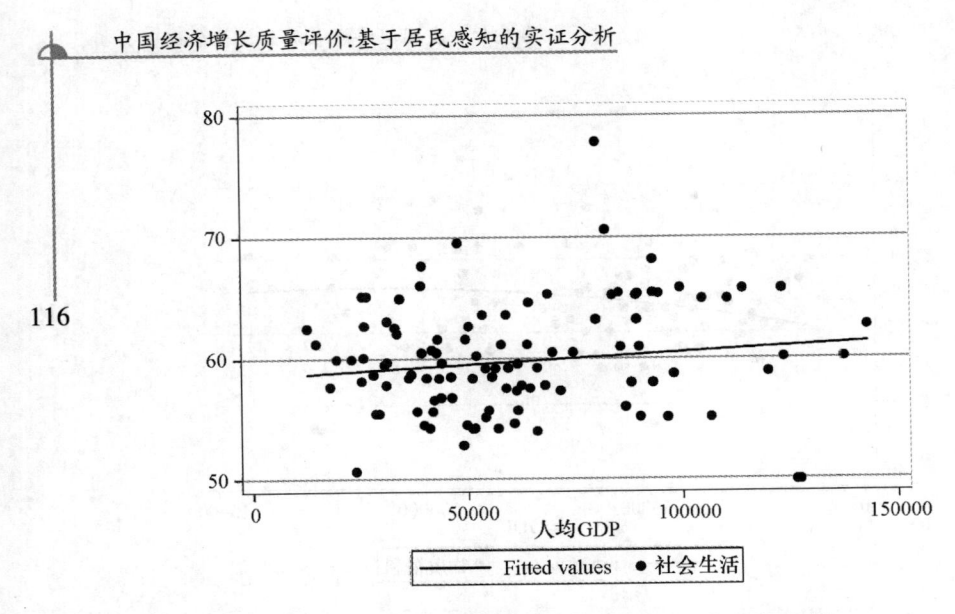

图5-6 社会生活指数与人均GDP（二次曲线拟合）

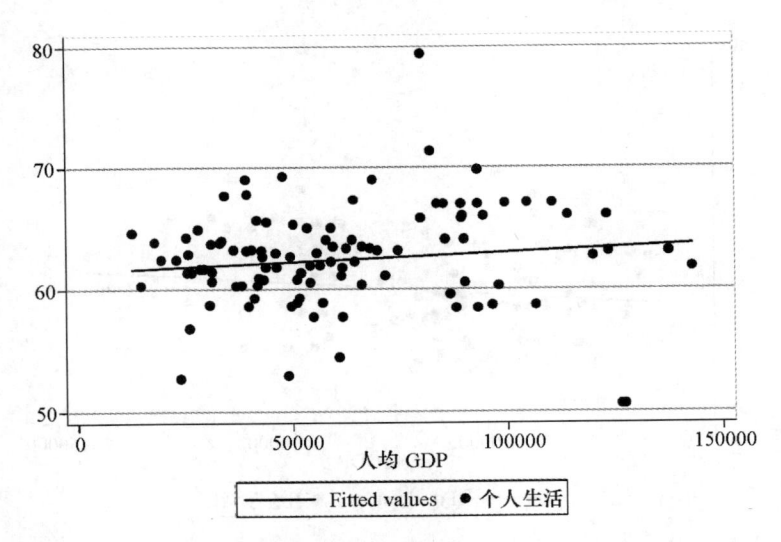

图5-7 个人生活指数与人均GDP（一次曲线拟合）

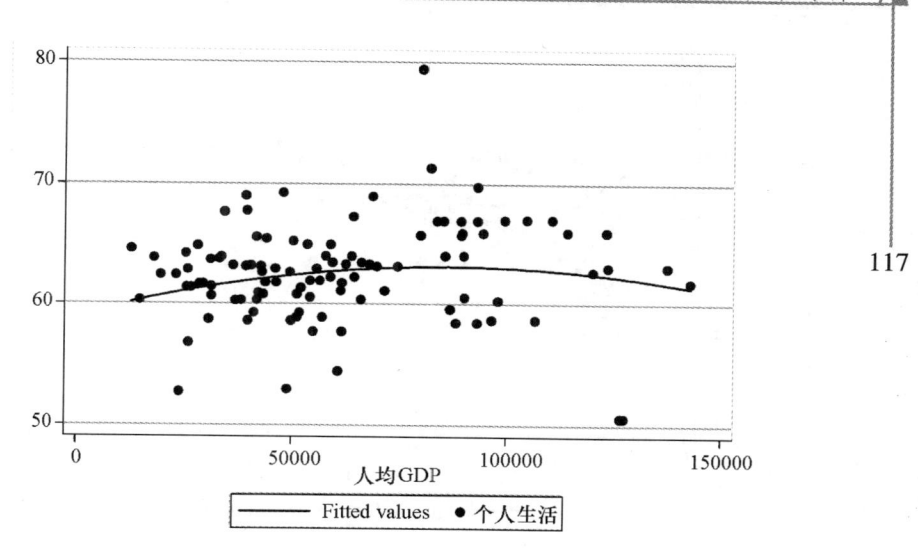

图 5-8　个人生活指数与人均 GDP（二次曲线拟合）

　　从以上两个图可见，人均 GDP 与经济增长质量总指数之间的散点图总体呈现正相关的关系，即人均 GDP 越高的地区，其经济增长质量感知的评价就越高，但这种相关性关不十分显著。进一步地做二次拟合表明，两者之间存在着倒"U"型曲线关系，即人均 GDP 对于经济增长质量感知的作用并不总是线性的，在一定的范围之内是正的，超过某个拐点以后其效应就是负的了，这与第五部分中所描述的经济增长质量总指数的区域排名情况是一致的，一方面，排名前列的有人均 GDP 较高的省市，如天津；另一方面，一些人均 GDP 较高的地区其经济增长质量的评价并不高，如北京。这表明经济增长质量的主客观指标之间存在着一定关联，但这种关联并不是线性的，也告诉我们经济增长的客观指标与主观指标之间存在着一定的差距。物质福利与个人生活和人均 GDP 之间的关系也总体呈现出倒"U"型曲线关系，只有社会生活与人均 GDP 之间是明显的线性正相关关系。

　　用居民的收入增长满意度评价与各地区实际的人均 GDP 之间作散点图，可以得到两者之间仍然是总体呈现倒"U"型的二次曲线关系（图 5-9 与图 5-10）。

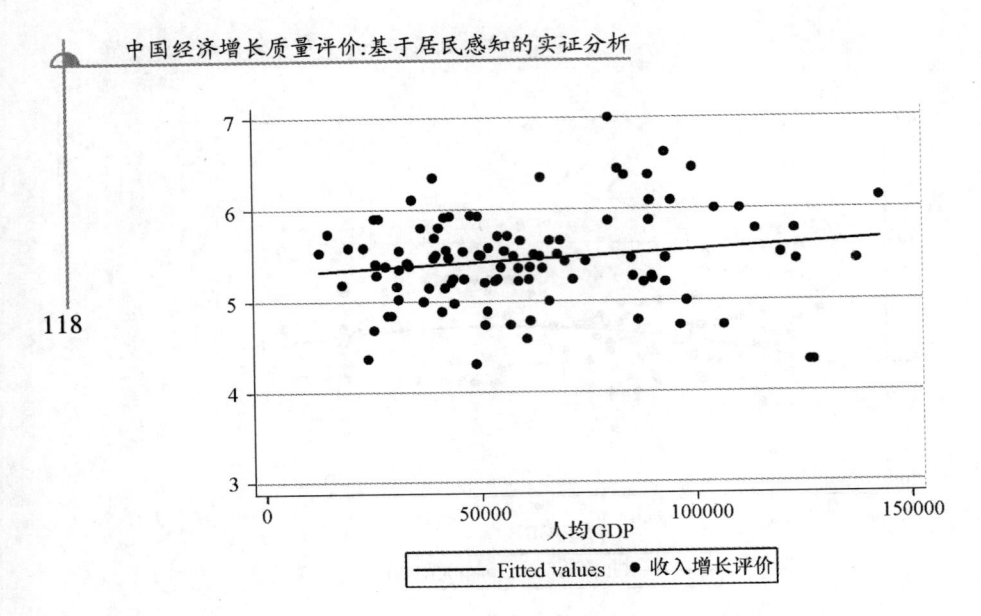

图 5-9　收入增长评价与人均 GDP（一次曲线拟合）

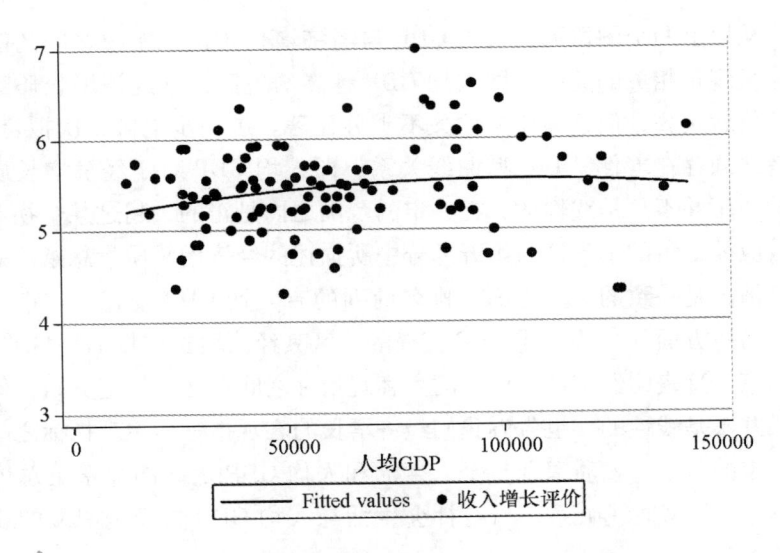

图 5-10　收入增长评价与人均 GDP（二次曲线拟合）

（二）经济增长质量主观评价与 GDP 增长率的关系

经济增长的另一个重要指标是 GDP 的增长率，本部分将经济增长质量的主观评价与 GDP 增长率作描述性统计分析。

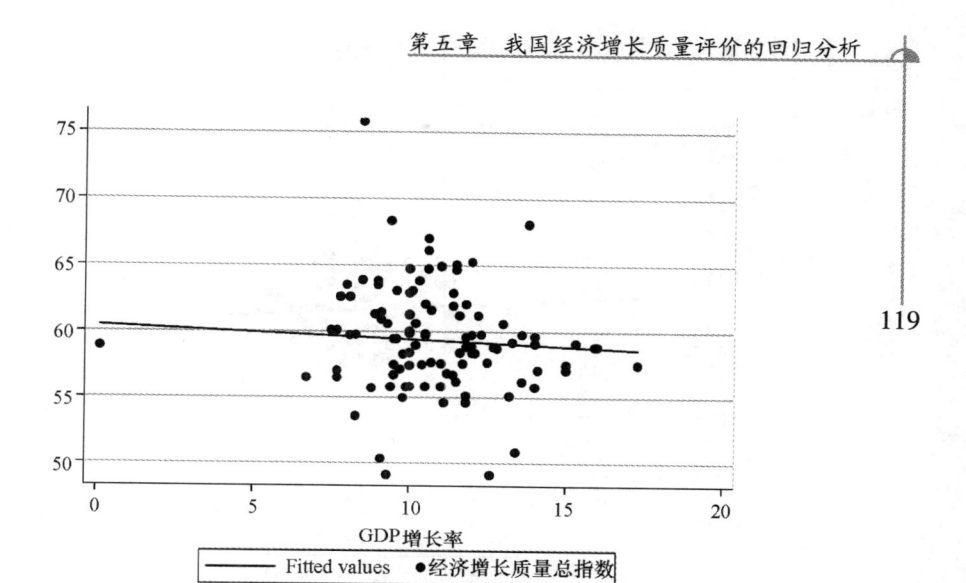

图 5-11 经济增长质量指数与 GDP 增长率（一次曲线拟合）

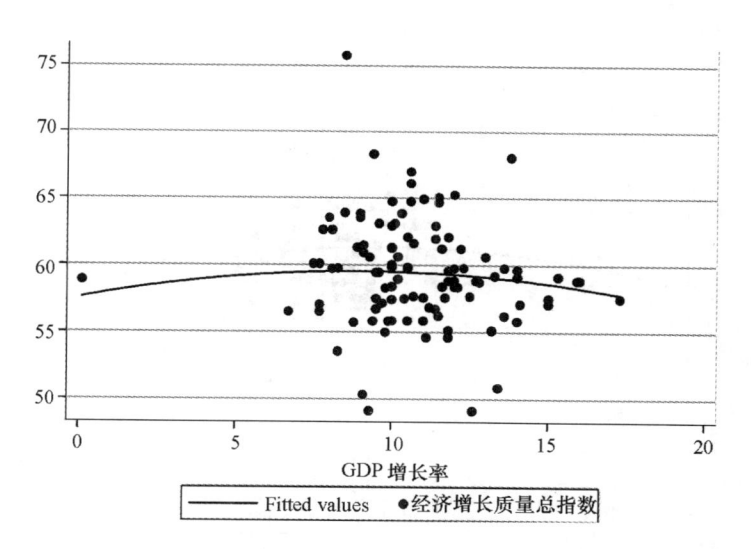

图 5-12 经济增长质量指数与 GDP 增长率（二次曲线拟合）

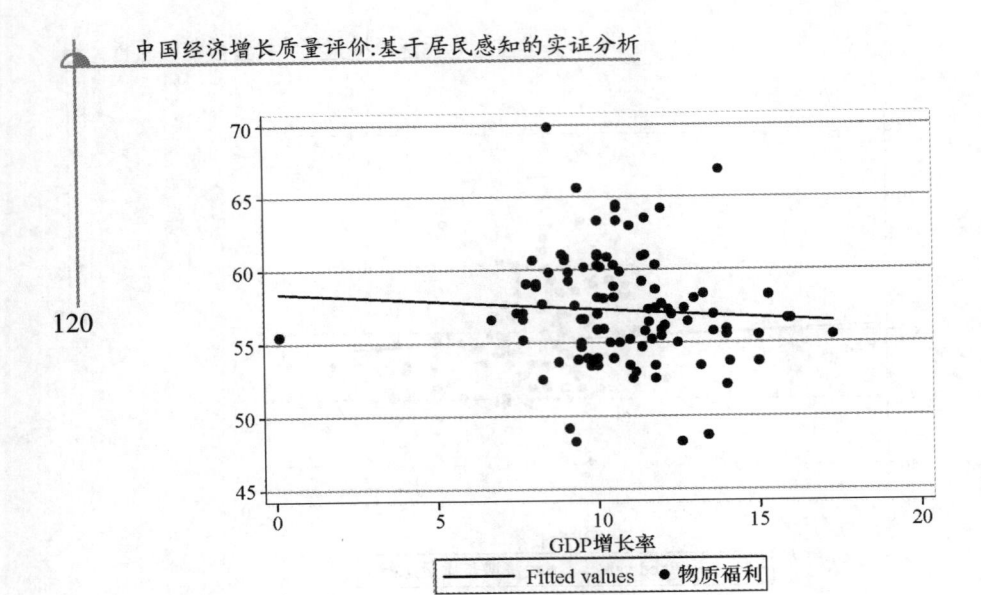

图 5-13 物质福利指数与 GDP 增长率（一次曲线拟合）

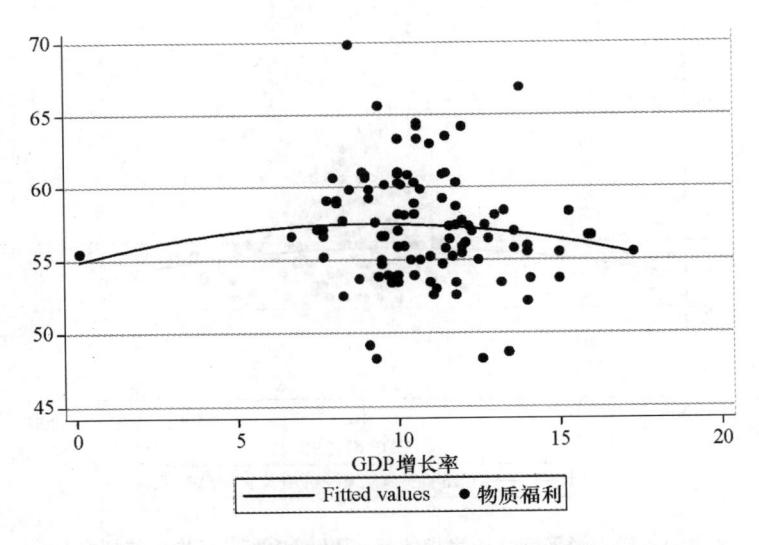

图 5-14 物质福利指数与 GDP 增长率（二次曲线拟合）

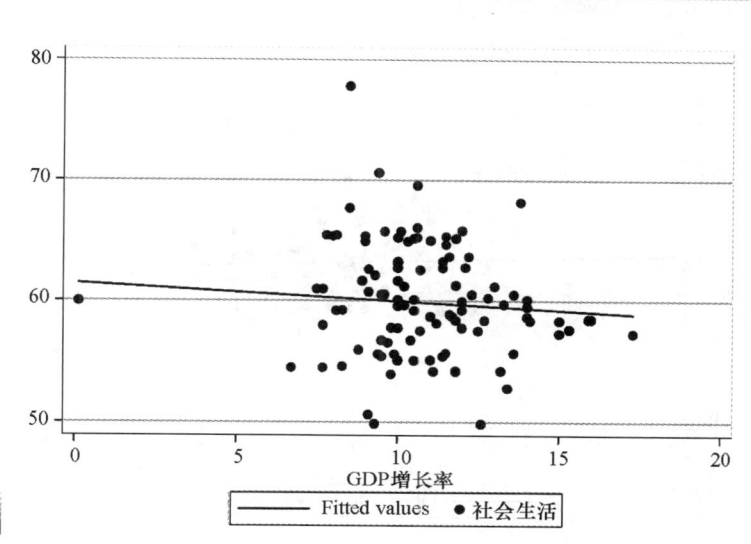

图 5-15 社会生活指数与 GDP 增长率（一次曲线拟合）

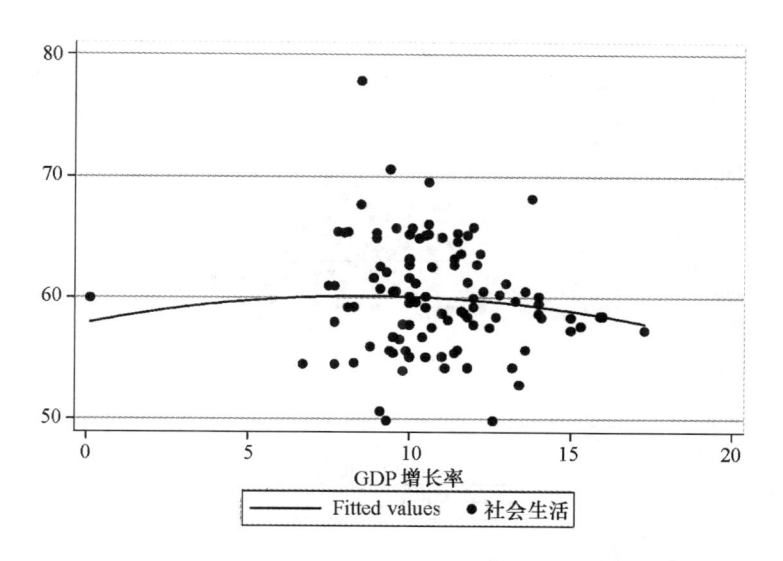

图 5-16 社会生活指数与 GDP 增长率（二次曲线拟合）

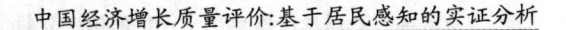

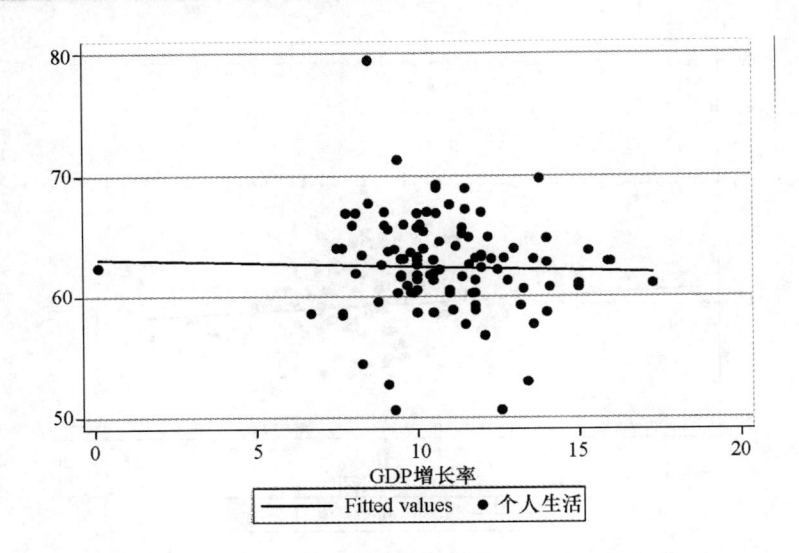

图 5-17 个人生活指数与 GDP 增长率（一次曲线拟合）

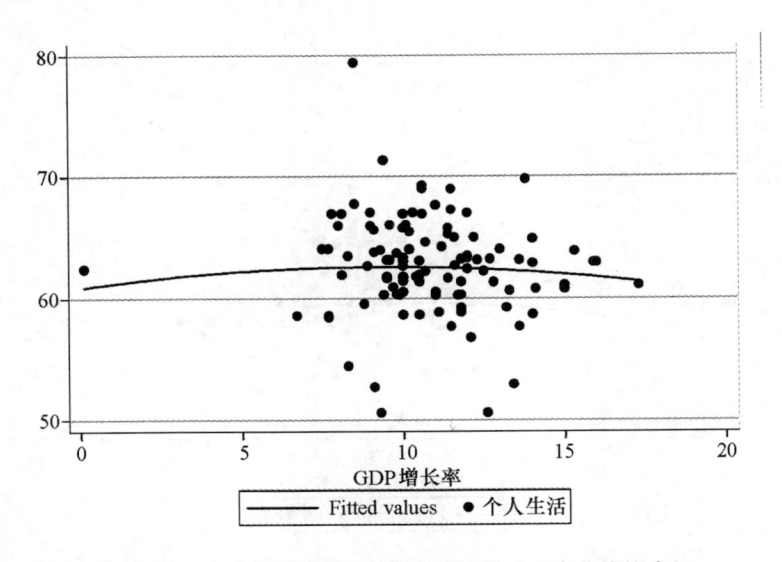

图 5-18 个人生活指数与 GDP 增长率（二次曲线拟合）

从经济增长质量评价与 GDP 增长率之间的关系来看，两者之间整体呈负相关关系，即总体而言 GDP 增长率越高的区域，其经济增长质量的评价越低，并且也存在着某种程度的倒"U"型的二次曲线关系，这表明当前我国的经济增长质量和速度出现了一定程度的背离，部分地区经济增长的速度很高但经济增长的质量并不好,尤其是人们对于其关心的物质福利增长、社会生活和个人生活的改善并没有在经济的高速增长过程中得到有效的体现,经济增长质量评价的高点出现在8%—10%之间的GDP增长率区间内,因此,一方面,我们要保持一定的经济增长速度;另一方面,经济增长要与老百姓的福利改善密切相关才能实现有质量的增长,过高的经济增长速度并不一定能够带来老百姓更高的经济增长质量的评价。

(三)经济增长质量主观评价与客观指标之间的关系

在2014年的调查中,对于经济增长质量的三个固有属性指标进行了调查,分别是:对经济增长稳定性的评价、对经济增长结构合理性的评价、对经济增长投入产出效率的评价。我们将这三个主观评价的指标与人均GDP、GDP增长率以及第三产业占比等客观指标进行关联性分析,以进一步地得到经济增长质量的客观指标与人们的主观评价之间存在何种关系。

(1)经济增长质量主观评价与人均GDP的关系

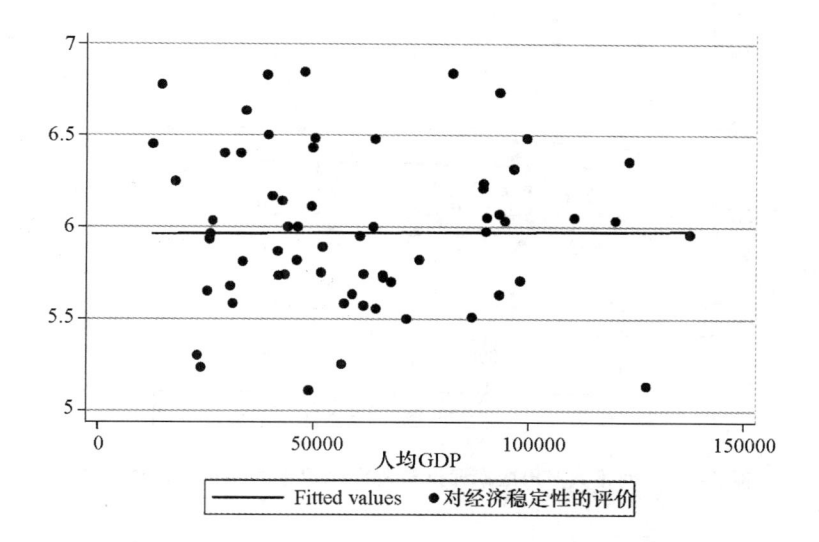

图5-19 经济增长的稳定性评价与人均GDP的关系(一次曲线拟合)

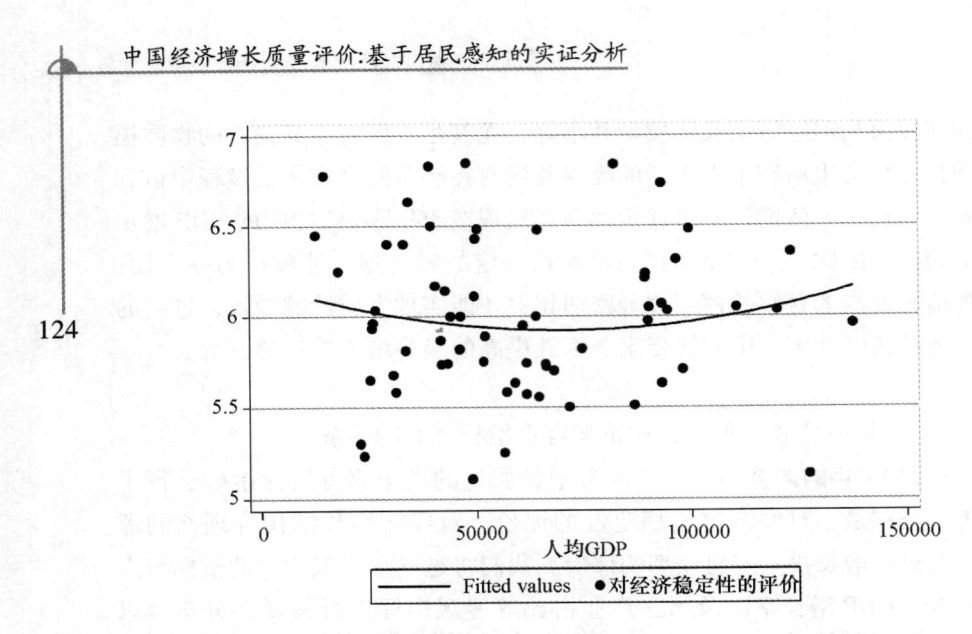

图 5-20 对经济增长稳定性评价与人均 GDP 的关系（二次曲线拟合）

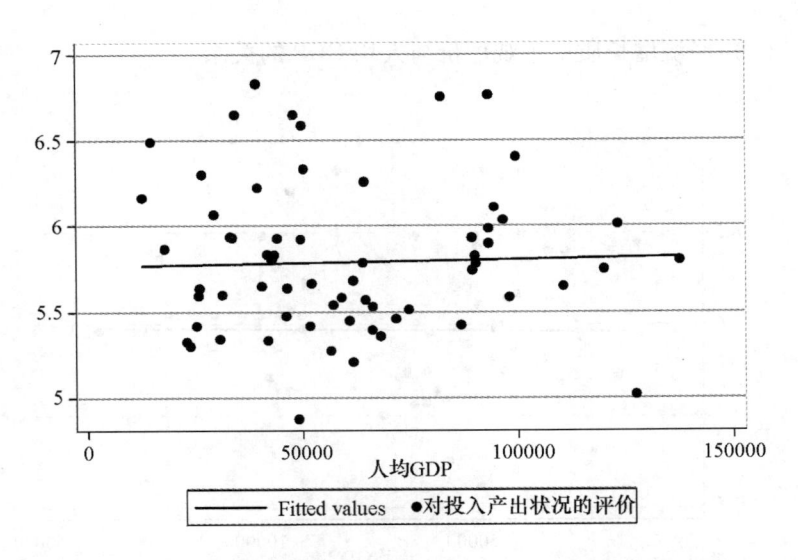

图 5-21 对投入产出效率评价与人均 GDP 的关系（一次曲线拟合）

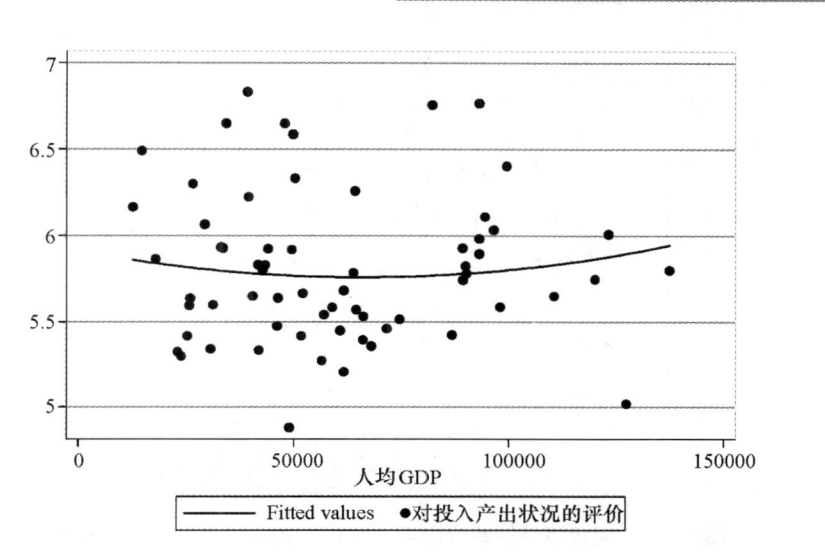

图 5-22　对投入产出效率评价与人均 GDP 的关系（二次曲线拟合）

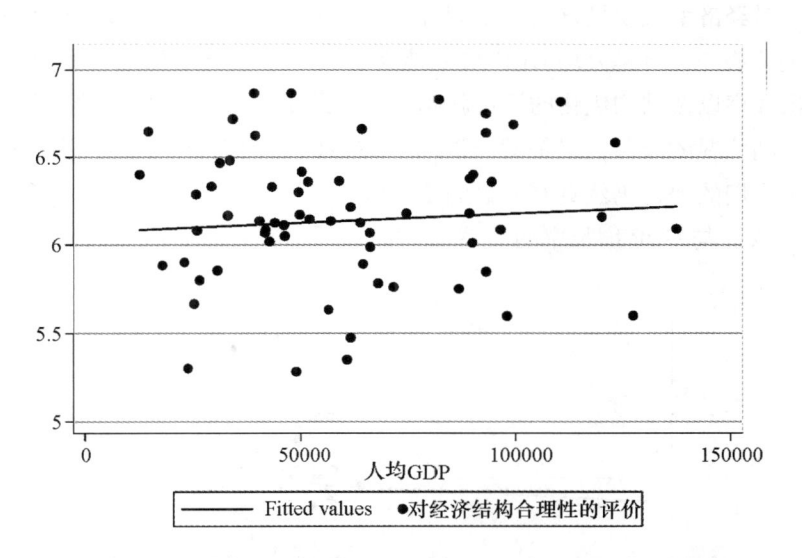

图 5-23　对经济结构的评价与人均 GDP 的关系（一次曲线拟合）

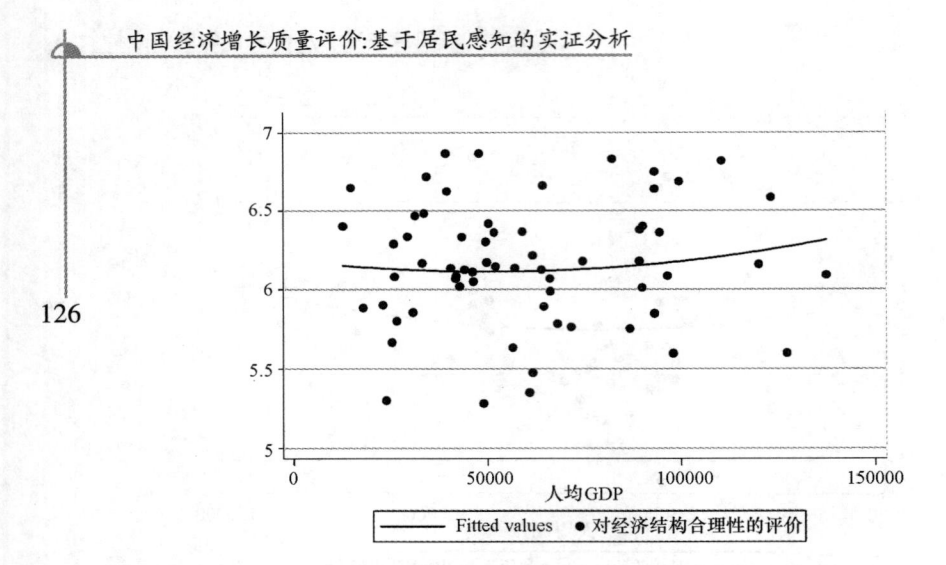

图 5-24　对经济结构的评价与人均 GDP 的关系（二次曲线拟合）

对经济增长质量直接的主观评价与该地区的人均 GDP 之间总体呈正相关关系，也就是人均 GDP 水平越高，其对于经济增长的稳定性、投入产出效率以及结构优化的评价就越高，因此虽然人们重视经济增长对自身福利状况的改善，但是就经济增长质量的客观而言，人均 GDP 的增长对于人们的评价仍然具有明显的正效应。

（2）与 GDP 增长率的关系

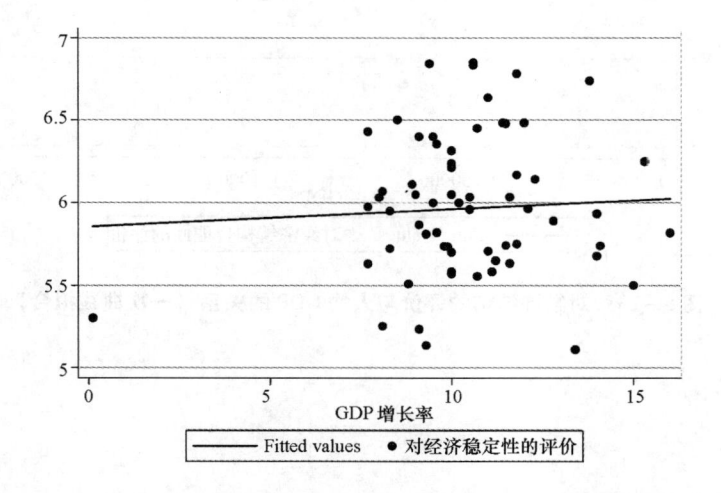

图 5-25　经济增长的稳定性评价与 GDP 增长率的关系（一次曲线拟合）

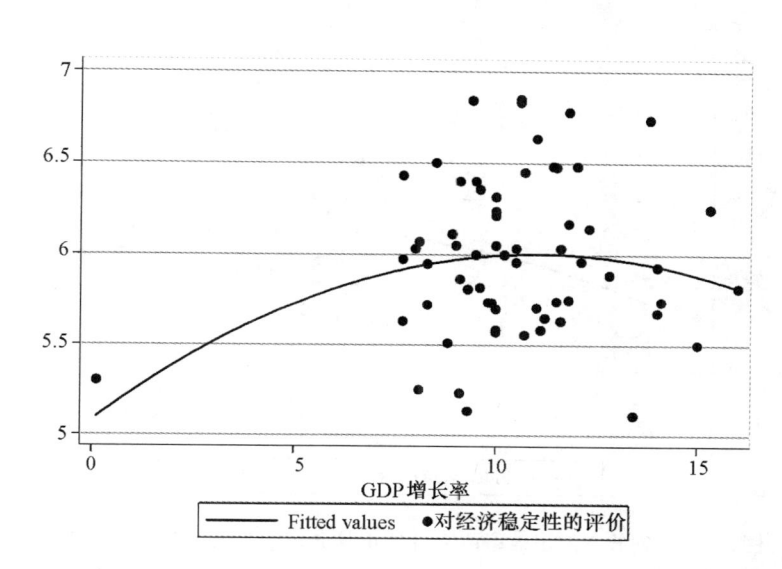

图 5-26　经济增长的稳定性评价与 GDP 增长率的关系（二次曲线拟合）

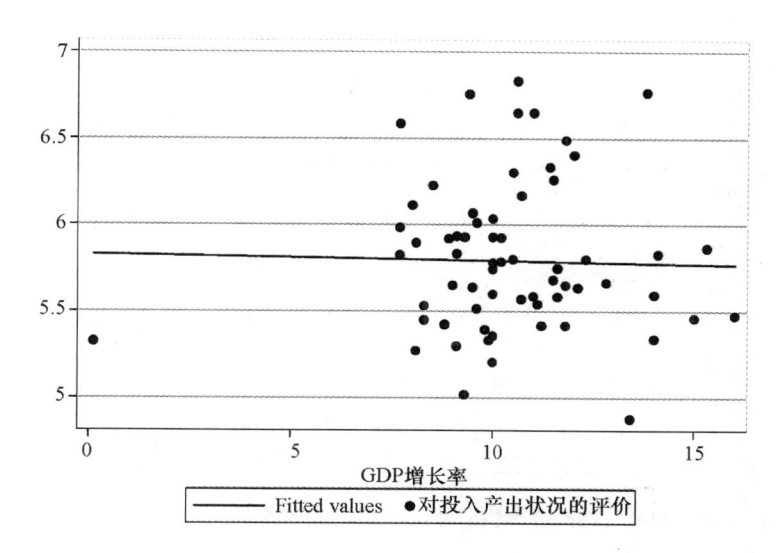

图 5-27　对投入产出效率评价与 GDP 增长率的关系（一次曲线拟合）

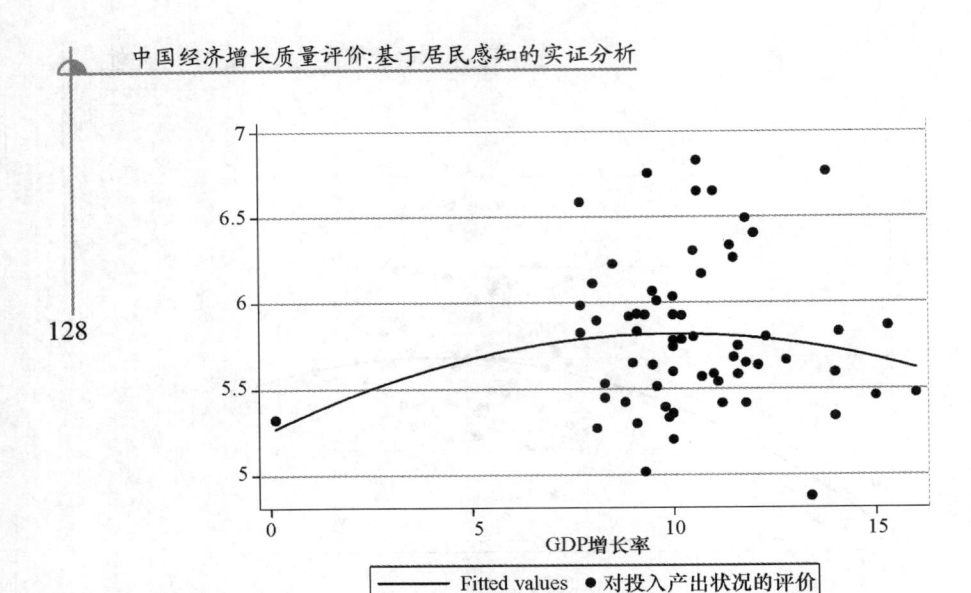

图 5-28 对投入产出效率评价与 GDP 增长率的关系（二次曲线拟合）

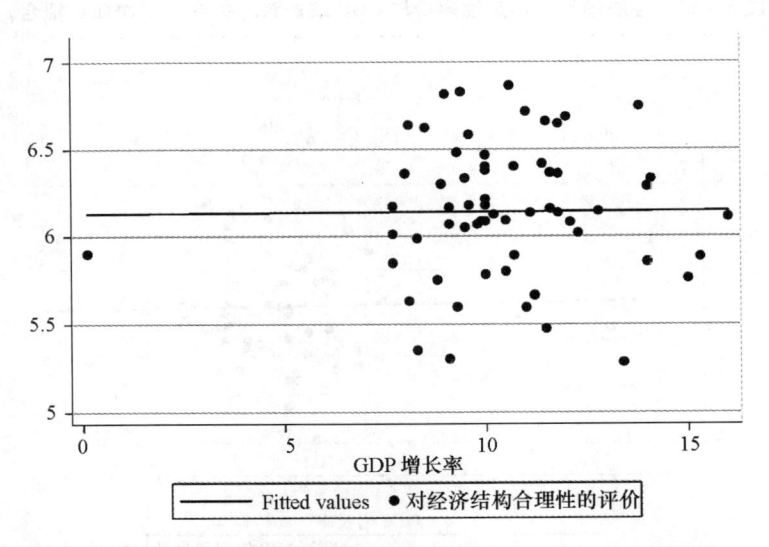

图 5-29 对经济结构合理性的评价与 GDP 增长率的关系（一次曲线拟合）

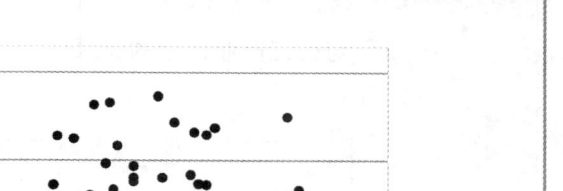

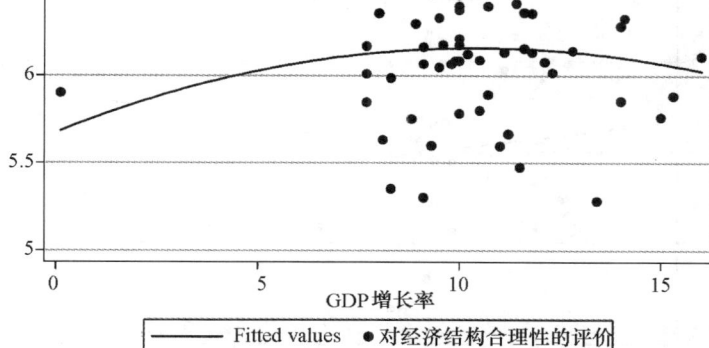

图 5-30　对经济结构合理性的评价与 GDP 增长率的关系（二次曲线拟合）

经济增长质量主观评价与 GDP 增长率之间整体呈负相关关系，以及倒"U"型的二次曲线关系，经济增长速度越高，人们的评价越低，这与前面的描述性统计分析结论类似，因为一般而言 GDP 水平越高其增长的速度越低，因此 GDP 的水平值对人们的主观评价有正效应，但 GDP 的增长率对人们的主观感知评价却有一定的负效应，这说明我国经济发展较为落后的地区虽然在速度上有了赶超，但是在经济增长的质量上仍然存在着较大的缺陷，在经济增长越快的地区，人们的主观感知评价越低。对于落后地区而言，在保持经济总量增长一定速度的同时，也应关注其经济增长质量的提升。客观指标的高速增长，并不一定能够给老百姓带来实际的福利改善。

（3）与第三产业比重的关系

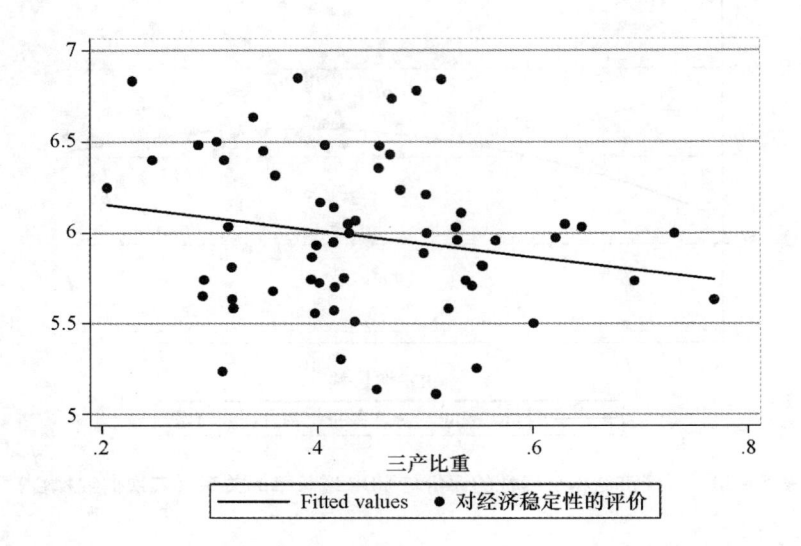

图 5-31 经济增长的稳定性评价与第三产业比重（一次曲线拟合）

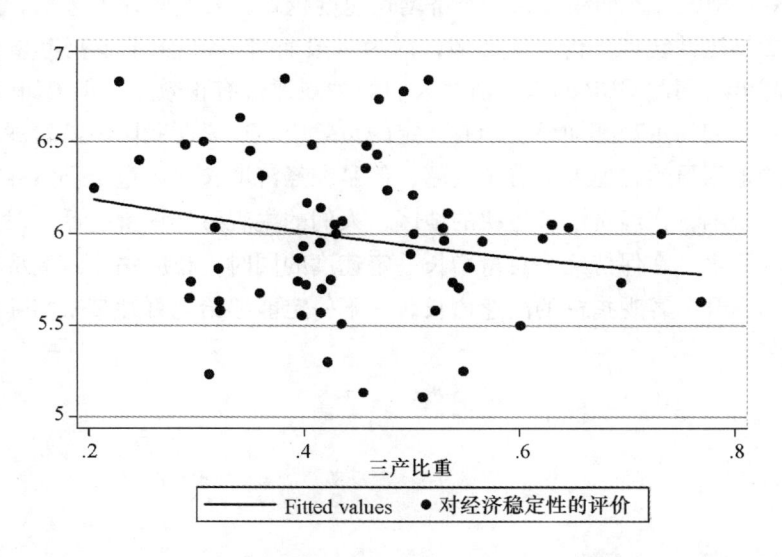

图 5-32 经济增长的稳定性评价与第三产业比重（二次曲线拟合）

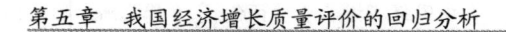

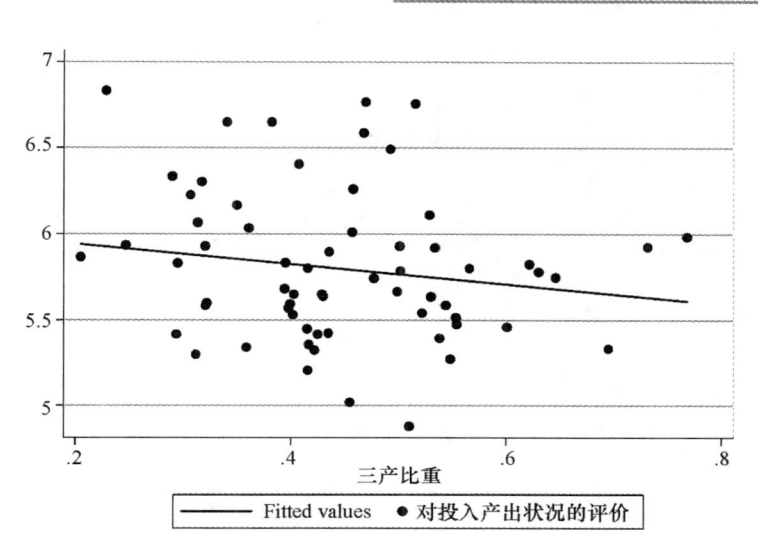

图 5-33　投入产出效率评价与第三产业比重（一次曲线拟合）

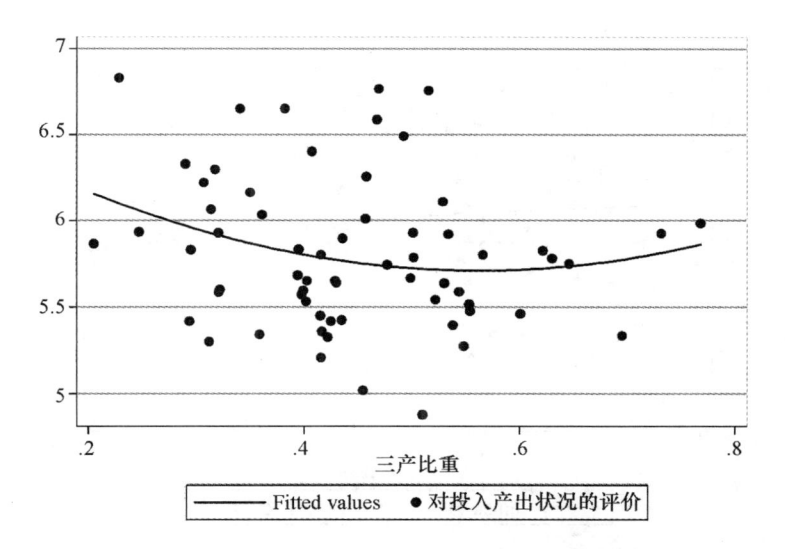

图 5-34　投入产出效率评价与第三产业比重（二次曲线拟合）

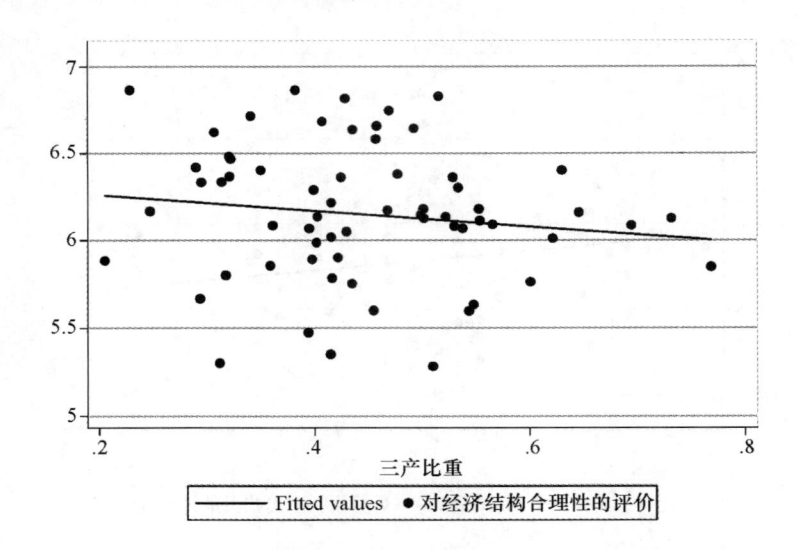

图 5-35　经济结构合理性评价与第三产业比重（一次曲线拟合）

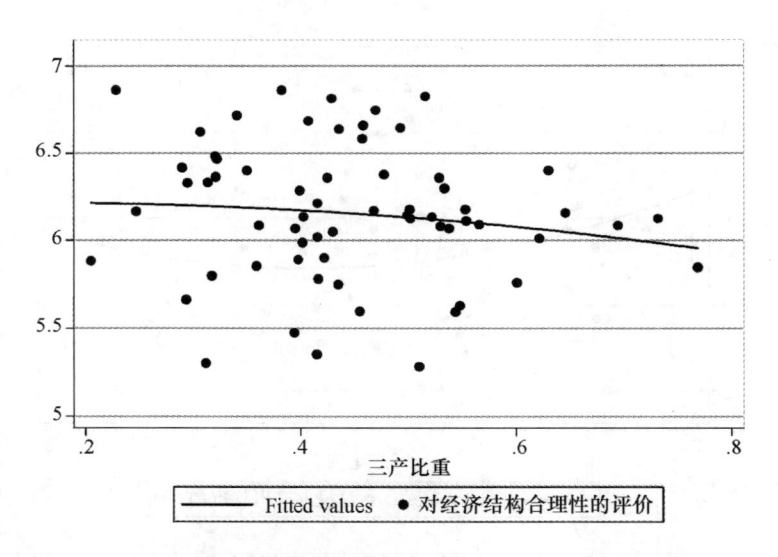

图 5-36　经济结构合理性评价与第三产业比重（二次曲线拟合）

从上述描述性统计的结果可以发现，经济增长质量的主观评价与经济的结构性指标第三产业占比之间整体是负相关的关系，可能的解释有两种：一是第三产业的比重对于经济结构的合理性代表性不强；二是我国的第三产业发展水平还不高，对经济结构的高度化的作用仍然不强。因而，经济结构的合理化,并不一定体现在第三产业比重的提升,更重要的是提高产品和服务的品质。

(四) 经济增长质量主观评价与消费的关系

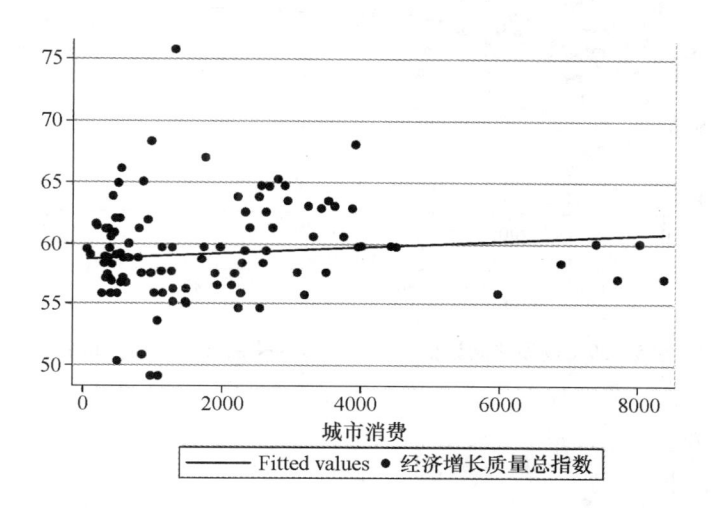

图 5-37 经济增长质量总指数与城市消费的关系(一次曲线拟合)

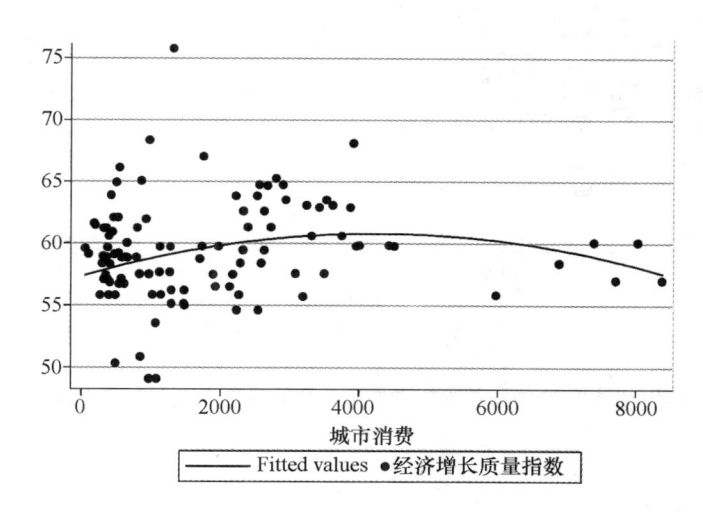

图 5-38 经济增长质量总指数与城市消费的关系(二次曲线拟合)

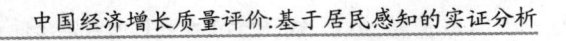

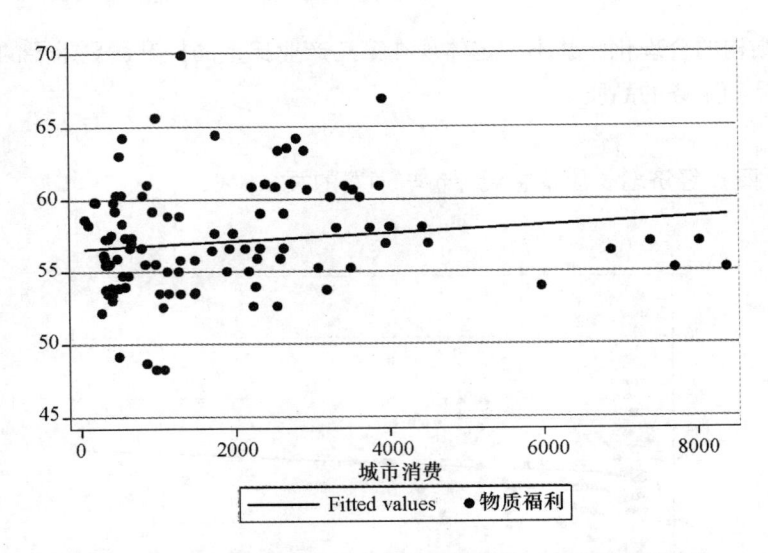

图5-39 物质福利评价与城市消费的关系（一次曲线拟合）

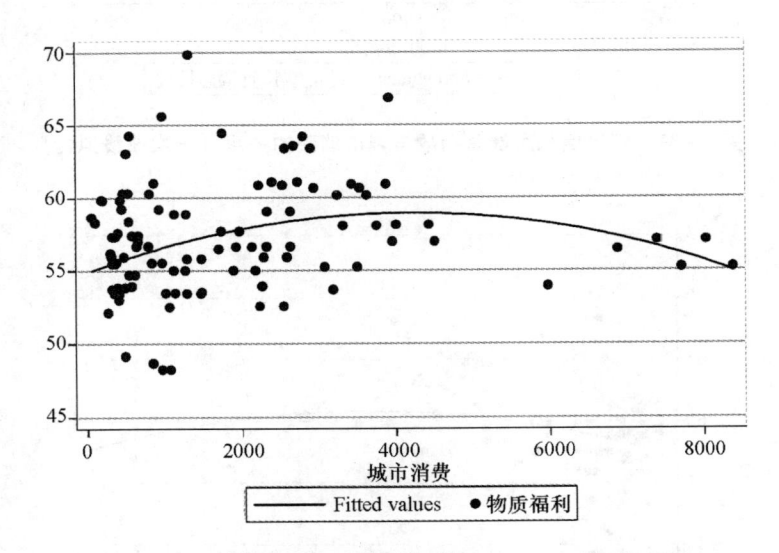

图5-40 物质福利评价与城市消费的关系（二次曲线拟合）

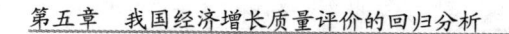

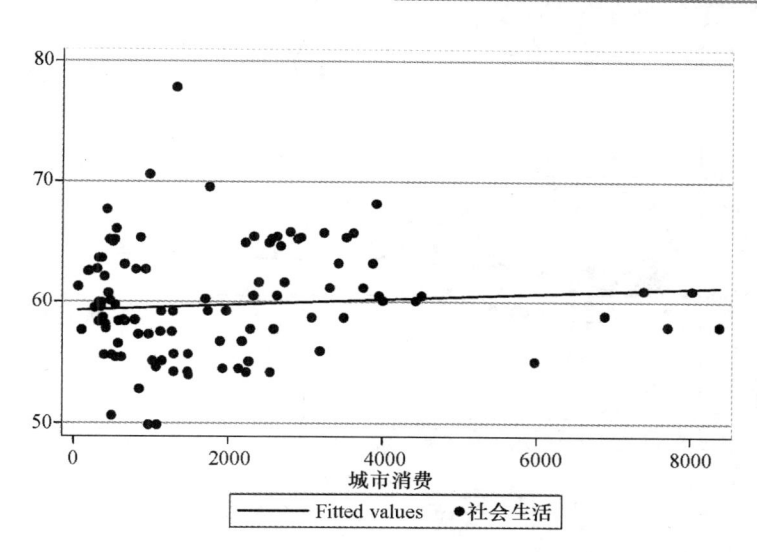

图 5-41　社会生活评价与城市消费的关系（一次曲线拟合）

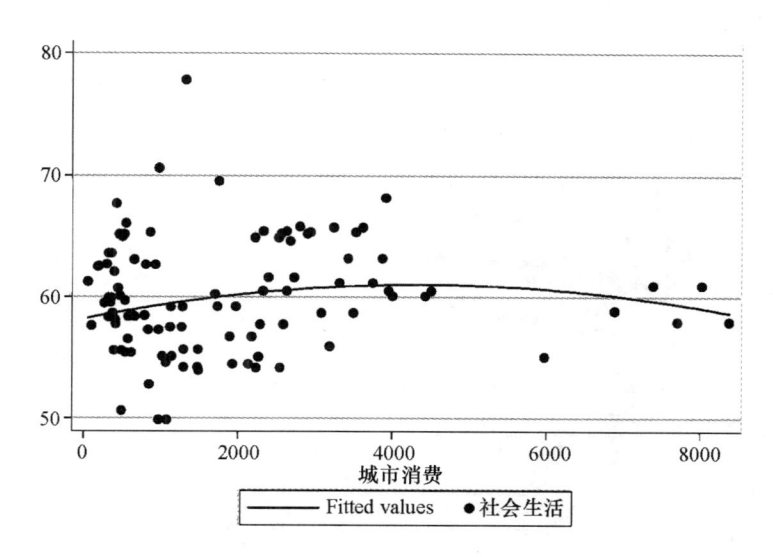

图 5-42　社会生活评价与城市消费的关系（二次曲线拟合）

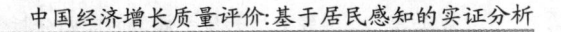

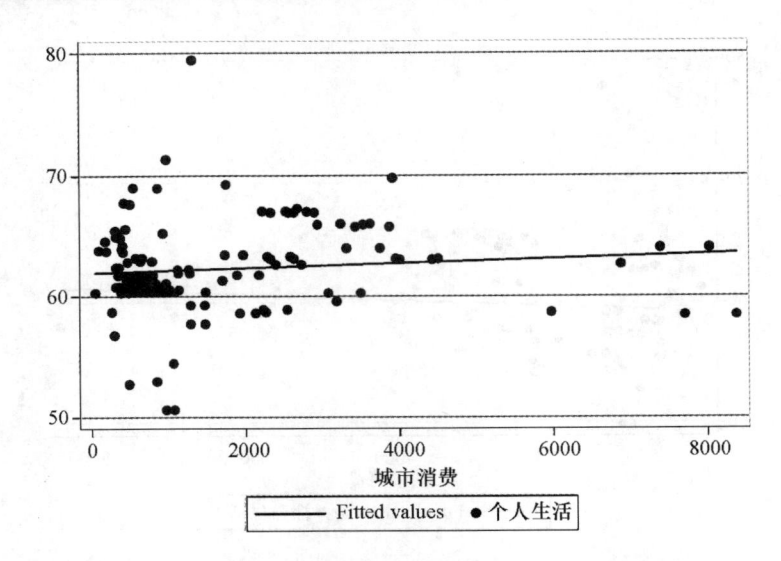

图 5-43 个人生活评价与城市消费的关系（一次曲线拟合）

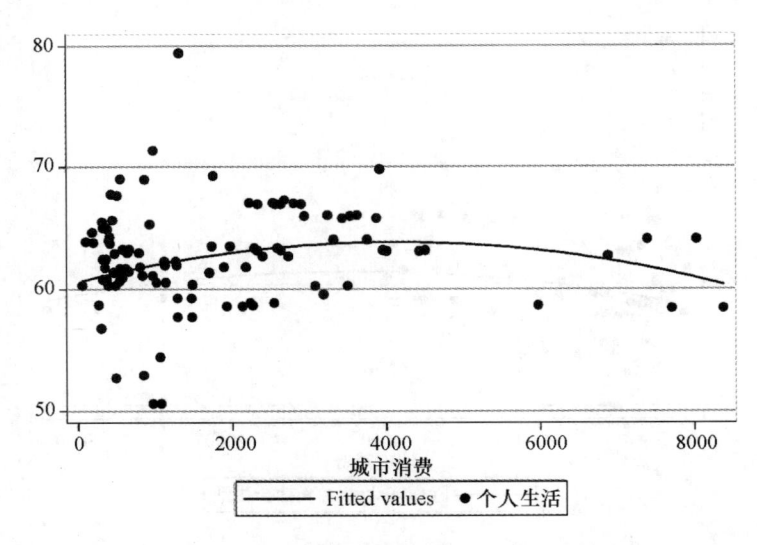

图 5-44 个人生活评价与城市消费的关系（二次曲线拟合）

经济增长质量的主观评价指标与城市的总消费量之间总体为正相关关系，即消费越高的地区，老百姓对于经济增长质量的评价就越高，二次曲线拟合是一个倒"U"型曲线关系，即经济增长质量的评价随着消费的增长而增长，超过一定拐点后就会变为消费的增长而下降。这一现象说明了，相对于 GDP 而言，消费对于经济增长质量的作用更为明显。因而，消费的提高是经济增长结构中极为重要的指标之一。

三 回归结果

本部分的回归分析分成两个部分，一是总体的回归，即将所有的样本放在一起进行回归，考察不同变量的显著性与效应的大小；二是分样本回归，考察收入、区域等关键变量在不同人群经济增长质量评价的显著性与效应大小。解释变量以及相关的统计量如表 5-1 和表 5-2 所示。

表 5-1　　　　　　　　　变量取值的说明

变量	含义	变量取值说明
sex	性别	女性 = 0，男性 = 1
age	年龄	18—30 岁 = 1；31—40 岁 = 2；41—50 岁 = 3；51—60 岁 = 4；60 岁以上 = 5
户口	户口	农村 = 0；城市 = 1
inc	收入	1 = 4000 元以下；2 = 4000—10000 元；3 = 10000 元以上
人均 GDP	人均 GDP	元
GDP 增长率	GDP 增长率	%
sanch	第三产业比重	第三产业增加值/GDP，%
城市消费	城市消费	消费需求（亿元）
中部区域	中部区域	中部 = 1，其他 = 0
东部区域	东部区域	东部 = 1，其他 = 0

表 5-2　　　　　　　　　解释变量主要统计量

变量	含义	观测值	均值	标准差	最小值	最大值
y	经济增长质量总指数	10568	59.79	12.34	10	100
y1	物质福利指数	10568	57.65	13.35	10	100
y2	社会生活指数	10568	60.41	14.56	10	100
y3	个人生活指数	10568	62.66	12.86	10	100

续表

变量	含义	观测值	均值	标准差	最小值	最大值
sex	性别	10553	0.494	0.500	0	1
age	年龄	10540	2.130	1.123	1	5
户口	户籍	10538	0.491	0.500	0	1
inc	家庭月收入	10583	1.832	0.670	1	3
人均GDP	人均GDP	8703	64445	28131	12573	142961
GDP增长率	GDP增长率	8703	10.97	2.263	0.103	17.30
sanch	第三产业比重	8594	0.467	0.113	0.153	0.769
城市消费	城市消费总量	8703	2232	1936	49.53	8375
中部区域	中部	10578	0.300	0.458	0	1
东部区域	东部	10578	0.393	0.488	0	1

注：GDP增长率的数据分别为2013年、2014年度城市的GDP增长率。

（一）总体回归结果

对经济增长质量进行OLS分析后得到的结果如表5-3所示。

（1）经济增长质量总指数的回归分析

表5-3　　　　　　　人均GDP与经济增长质量

	方程1	方程2	方程3	方程4	方程5	方程6
性别	-0.405	-0.402	-0.335	-0.457*	-0.372	-0.370
	(-1.52)	(-1.51)	(-1.40)	(-1.71)	(-1.55)	(-1.54)
年龄	0.213*	0.209*	0.215**	0.217*	0.185*	0.188*
	(1.78)	(1.75)	(2.01)	(1.81)	(1.73)	(1.75)
户口	0.576*	0.577*	0.548**	0.465	1.264***	1.320***
	(1.93)	(1.93)	(2.09)	(1.56)	(5.24)	(5.46)
中等收入	1.958***	1.965***	1.660***		1.686***	1.879***
	(6.31)	(6.33)	(6.18)		(6.27)	(7.01)
高收入	1.828***	1.839***	1.429***		1.269***	1.641***
	(4.34)	(4.37)	(3.77)		(3.35)	(4.39)
中部地区		2.335***	2.354***		1.739***	1.766***
		(6.70)	(6.76)		(5.66)	(5.74)

续表

	方程1	方程2	方程3	方程4	方程5	方程6
东部地区		2.325***	2.340***		2.165***	2.118***
		(6.61)	(6.66)		(7.44)	(7.26)
年份			−0.991***	−1.279***	−1.005***	−1.824***
			(−3.25)	(−4.21)	(−3.30)	(−6.99)
人均GDP				0.000012**	1.43e−05	−3.60e−06
				(2.51)	(0.68)	(−0.68)
人均GDP平方						−1.23e−10
						(−0.87)
常数项	56.08***	56.62***	57.72***	58.87***	56.52***	57.69***
	(66.11)	(98.07)	(137.01)	(112.77)	(146.52)	(163.08)
N	8640	8640	10519	8640	10519	10519

注：***、**、*分别代表在1%、5%、10%的显著性水平下显著。

表5-4的回归结果表明，对于总体经济增长质量而言，年龄、户籍和收入的效应均是显著的，年龄越大、城市居民以及收入越高的群体对经济增长质量的评价越高，但收入变量对经济增长质量评价的效应并不是线性递增的，因为高收入组的估计参数为1.828，低于中等收入组的参数估计值1.958，对经济增长质量的主观评价最高值发生在中等收入组，作为客观指标的收入是经济增长质量的必要条件而非充分条件。同时在控制了性别、年龄和收入等变量以后，区域虚拟变量的效应也是显著的，中部与东部分别要高出西部地区2.33分和2.32分，东部地区与西部地区的参数估计值几乎相同，都显著地高于西部地区，这也进一步验证了第四部分描述性统计中的结论。加入年份的虚拟变量以后，发现控制其他变量后，其也是显著的，2014年较2013年要低0.99分。仅控制居民的个人特征以后，人均GDP对于经济增长质量的效应是显著为正的，但效应较小，人均GDP每提高1000元，带来的经济增长质量评价提升0.012分，进一步地控制了居民的收入以及区域变量以后，可发现不管是一次项还是二次项，对经济增长质量的评价均不显著。这表明，人均GDP对经济增长质量的正效应主要是来自于居民实际收入的提高，以及区域总体市场环境的改善，单纯的GDP增长并不能导致人们的经济增长质量感知评价的提升。

表 5-4　　　　　　GDP 增长率与经济增长质量评价

	方程 1	方程 2	方程 3	方程 4
性别	-0.470*	-0.471*	-0.411	-0.411
	(-1.75)	(-1.76)	(-1.54)	(-1.55)
年龄	0.198*	0.205*	0.228*	0.188
	(1.66)	(1.72)	(1.91)	(1.58)
户口	0.446	0.467	0.668**	0.600**
	(1.50)	(1.57)	(2.23)	(2.02)
年份	-1.287***	-1.313***	-1.113***	-0.570*
	(-4.14)	(-4.22)	(-3.57)	(-1.80)
GDP 增长率	-0.00850	1.138***	1.116***	0.959***
	(-0.14)	(3.89)	(3.82)	(3.29)
GDP 增长率平方		-0.0519***	-0.0501***	-0.0258**
		(-4.00)	(-3.87)	(-1.96)
中等收入			2.069***	1.912***
			(6.71)	(6.20)
高收入			2.082***	1.758***
			(5.06)	(4.23)
中部区域				3.173***
				(8.03)
东部区域				3.312***
				(8.27)
常数项	59.80***	53.73***	51.99***	48.28***
	(74.10)	(31.29)	(30.04)	(27.23)
N	8640	8640	8640	8640

注：Gr_sq 为 GDP 增长率的平方。

表 5-5 的回归分析主要考察了一个地区的 GDP 增长率对经济增长质量评价的影响，方程 1 与方程 2 的结果表明，在未控制消费者的收入以及区域变量时，GDP 增长率对经济增长质量的作用不显著，但加入其平方项以后却是显著的，是一个倒 "U" 型曲线关系，拐点约在 10.9%，即 GDP 增长率在这一速度之内，经济增长质量的评价与 GDP 增长率之间是

正相关关系，而在此以后则是负相关关系。方程3与方程4的结果表明，控制收入变量以后，GDP增长率与经济增长质量之间的倒"U"型曲线关系仍然是显著的，其拐点变化为11.1%和18.5%。以上结果说明，经济增长的速度是保证经济增长质量的重要前提，但一味地高速度并不能总是带来经济增长质量的提高，过高的经济增长速度很有可能是以损害经济增长的质量为代价，只有保持适宜的经济增长速度才能带来人们经济增长质量的提高，根据回归分析这一适宜的经济增长速度在10%左右，在这一增长速度以下，GDP增长的速度提高可以不以损害经济增长的速度为代价。

表 5-5　　　　　　　　　消费与经济增长质量

	方程1	方程2	方程3	方程4
性别	-0.466*	-0.469*	-0.415	-0.407
	(-1.74)	(-1.75)	(-1.56)	(-1.53)
年龄	0.212*	0.249**	0.262**	0.240**
	(1.77)	(2.08)	(2.19)	(2.01)
户口	0.440	0.483	0.660**	0.607**
	(1.48)	(1.62)	(2.21)	(2.04)
年份	-1.269***	-1.195***	-1.029***	-0.963***
	(-4.17)	(-3.94)	(-3.38)	(-3.17)
城市消费	0.000150**	0.00139***	0.00125***	0.000955***
	(2.16)	(6.78)	(6.02)	(4.52)
城市消费平方		-0.000000172***	-0.000000161***	-0.000000139***
		(-6.42)	(-5.98)	(-5.18)
中等收入			1.949***	1.876***
			(6.29)	(6.06)
高收入			1.811***	1.679***
			(4.32)	(4.00)
中部区域				2.149***
				(6.16)
东部区域				2.213***
				(6.25)
常数项	59.33***	57.91***	56.55***	55.56***
	(135.02)	(118.06)	(105.98)	(100.59)
N	8640	8640	8640	8640

注：Con_sq为城市消费总量增长率的平方。

表5-6 的回归结果表明,城市的消费总量对经济增长质量具有显著正效应,每100亿元的消费增长可带来经济增长质量评价增长0.015分,同时其效应也是显著的倒"U"型曲线效应,其拐点大约在4042亿元。即使在控制了消费者的收入与区域变量以后,消费对于经济增长质量的这一效应仍然是显著的,这表明消费对于经济增长质量的显著性作用,经济增长质量要提高应更多地转移到提高一个区域的消费需求增长上来。

表5-6　第三产业占比与经济增长质量总指数的回归分析

	方程1	方程2	方程3	方程4
性别	-0.500*	-0.503*	-0.431	-0.424
	(-1.86)	(-1.87)	(-1.60)	(-1.58)
年龄	0.127	0.134	0.146	0.150
	(1.05)	(1.11)	(1.21)	(1.25)
户口	0.460	0.481	0.701**	0.615**
	(1.54)	(1.61)	(2.33)	(2.05)
年份	-1.405***	-1.388***	-1.222***	-1.176***
	(-4.58)	(-4.52)	(-3.97)	(-3.83)
第三产业比重	-6.514***	5.942	-7.496***	-7.810***
	(-5.39)	(0.87)	(-6.16)	(-6.06)
第三产业比重平方		-13.03*		
		(-1.85)		
中等收入			2.235***	2.040***
			(7.19)	(6.55)
高收入			2.456***	2.051***
			(5.90)	(4.89)
中部区域				1.922***
				(5.36)
东部区域				2.474***
				(7.55)
常数项	62.99***	60.15***	61.54***	60.28***
	(87.12)	(35.41)	(82.17)	(74.64)
N	8531	8531	8531	8531

第三产业比重一般被认为是产业结构高度化的一个重要指标,而将这一指标放入经济增长质量回归模型中之后,发现其值显著为负,第三产业每提高一个百分点使得经济增长质量的评价下降 0.06 个百分点,且加入第三产业比重的百分比平方以后,该变量并不显著,也就是说二次曲线效应并不显著,这一变量对经济增长质量的负效应是线性的。控制消费者个人收入以及区域变量以后,第三产业比重仍然是显著为负的,且其效应从 0.06 上升为 0.08。这说明,虽然第三产业的发展是产业结构升级的重要途径,也是经济结构合理化的重要特征,但是就我国当前的发展阶段来说,经济增长质量的提升主要不是靠外在的结构调整,而是要靠微观的产品与服务质量的提升,仅仅是产业结构数量上的变化并不能导致经济增长质量的提升。

(2) 物质福利指数的分析

表 5-7　　　　人均 GDP 对物质福利指数的回归结果

	方程 1	方程 2	方程 3	方程 4
性别	-0.723 **	-0.727 **	-0.656 **	-0.645 **
	(-2.50)	(-2.51)	(-2.27)	(-2.24)
年龄	-0.0171	-0.0127	0.00262	-0.0359
	(-0.13)	(-0.10)	(0.02)	(-0.28)
户口	0.265	0.264	0.515	0.461
	(0.82)	(0.82)	(1.60)	(1.43)
年份	-1.384 ***	-1.367 ***	-1.185 ***	-1.053 ***
	(-4.22)	(-4.16)	(-3.60)	(-3.21)
人均 GDP	0.0000142 ***	3.51e-05	6.86e-06	-1.11e-06
	(2.75)	(1.55)	(1.31)	(-0.20)
人均 GDP 平方		-1.44e-10		
		(-0.95)		
中等收入			2.445 ***	2.400 ***
			(7.29)	(7.17)
高收入			2.828 ***	2.754 ***
			(6.25)	(6.07)

续表

	方程1	方程2	方程3	方程4
中部区域				2.974***
				(7.92)
东部区域				2.234***
				(5.90)
常数项	57.40***	56.75***	55.77***	54.55***
	(101.82)	(63.73)	(92.66)	(87.60)
N	8640	8640	8640	8640

物质福利指数是人们对于经济增长的物质方面的直接感受，包括收入增长、消费增长、就业机会等方面的评价，这一评价最能够反映经济增长质量主观客观评价指标之间的差异。物质福利评价在不同性别之间的差异是显著的，同时在不同年份之间也存在着显著下降的趋势，但在城乡之间并无显著差异，这与近年来农村居民收入上升幅度高于城市居民的现象有着重要的关系。此外，若只控制了消费者个人特征变量，人均GDP对物质福利的评价为显著正效应，人均GDP每提高1000元对于物质福利评价的提升作用为0.014个百分点，相对而言这并不是一个太大的效应，因为即使人均GDP提升10000元（即在2014年人均GDP基础上增长20%）所能带来的物质福利评价的增长为0.14分，使得2014年的物质福利评价提升0.25%。同时控制了消费者的个人收入（方程3），以及区域特征（方程4）以后，人均GDP的效应就变得不显著了，这表明人均GDP对物质福利评价的转化也是要通过其他指标来转化的，如人均收入增长、区域的市场化程度提升等。

表5-8　　　　　GDP增长率对物质福利指数的回归结果

	方程1	方程2	方程3	方程4
性别	-0.739**	-0.740**	-0.663**	-0.657**
	(-2.55)	(-2.56)	(-2.30)	(-2.29)
年龄	-0.0394	-0.0317	-0.00143	-0.0608
	(-0.30)	(-0.25)	(-0.01)	(-0.47)
户口	0.241	0.264	0.535*	0.483
	(0.75)	(0.82)	(1.66)	(1.50)

续表

	方程1	方程2	方程3	方程4
年份	−1.393***	−1.422***	−1.195***	−0.585*
	(−4.15)	(−4.23)	(−3.55)	(−1.71)
GDP增长率	−0.00974	1.247***	1.223***	1.041***
	(−0.15)	(3.94)	(3.88)	(3.31)
GDP增长率平方		−0.0569***	−0.0547***	−0.0282**
		(−4.06)	(−3.92)	(−1.99)
中等收入			2.476***	2.357***
			(7.45)	(7.08)
高收入			2.932***	2.699***
			(6.61)	(6.02)
中部区域				3.867***
				(9.07)
东部区域				3.346***
				(7.75)
常数项	58.50***	51.84***	49.63***	45.66***
	(67.12)	(27.96)	(26.59)	(23.88)
N	8640	8640	8640	8640

表5-9　　　　　消费对物质福利指数的回归结果

	方程1	方程2	方程3	方程4
性别	−0.734**	−0.738**	−0.668**	−0.653**
	(−2.54)	(−2.56)	(−2.32)	(−2.28)
年龄	−0.0259	0.0165	0.0344	−0.00288
	(−0.20)	(0.13)	(0.27)	(−0.02)
户口	0.236	0.285	0.533*	0.491
	(0.73)	(0.89)	(1.66)	(1.53)
年份	−1.374***	−1.289***	−1.108***	−1.005***
	(−4.19)	(−3.93)	(−3.37)	(−3.06)
城市消费	0.000147**	0.00158***	0.00138***	0.00109***
	(1.97)	(7.13)	(6.16)	(4.78)

续表

	方程 1	方程 2	方程 3	方程 4
城市消费平方		-0.000000199***	-0.000000183***	-0.000000157***
		(-6.87)	(-6.31)	(-5.42)
中等收入			2.358***	2.312***
			(7.05)	(6.92)
高收入			2.669***	2.599***
			(5.91)	(5.74)
中部区域				2.755***
				(7.32)
东部区域				2.143***
				(5.62)
常数项	58.02***	56.39***	54.69***	53.48***
	(122.25)	(106.46)	(95.03)	(89.80)
N	8640	8640	8640	8640

表 5-10　第三产业比重对物质福利指数的回归结果

	方程 1	方程 2	方程 3	方程 4
性别	-0.782***	-0.784***	-0.694**	-0.681**
	(-2.69)	(-2.69)	(-2.39)	(-2.36)
年龄	-0.0946	-0.0890	-0.0701	-0.0762
	(-0.72)	(-0.68)	(-0.54)	(-0.59)
户口	0.257	0.273	0.574*	0.500
	(0.80)	(0.84)	(1.77)	(1.55)
年份	-1.539***	-1.526***	-1.337***	-1.250***
	(-4.64)	(-4.60)	(-4.03)	(-3.77)
城市消费	-6.355***	2.977	-7.700***	-6.970***
	(-4.87)	(0.40)	(-5.87)	(-5.02)
城市消费平方		-9.765		
		(-1.28)		
中等收入			2.665***	2.500***
			(7.94)	(7.44)

续表

	方程1	方程2	方程3	方程4
高收入			3.341***	2.997***
			(7.43)	(6.62)
中部区域				2.659***
				(6.87)
东部区域				2.400***
				(6.79)
常数项	61.61***	59.47***	59.87***	57.90***
	(78.88)	(32.42)	(74.11)	(66.48)
N	8531	8531	8531	8531

(3) 社会生活指数的回归分析

表5-11　　　　人均GDP对社会生活指数的回归结果

	方程1	方程2	方程3	方程4
性别	-0.113	-0.114	-0.0744	-0.0769
	(-0.36)	(-0.36)	(-0.23)	(-0.24)
年龄	0.677***	0.678***	0.686***	0.674***
	(4.77)	(4.77)	(4.84)	(4.75)
户口	0.833**	0.833**	0.945**	0.868**
	(2.36)	(2.36)	(2.67)	(2.45)
年份	-0.00406	-0.00128	0.171	0.237
	(-0.01)	(-0.00)	(0.47)	(0.65)
人均GDP	0.0000147***	1.80e-05	0.0000116**	9.20e-07
	(2.59)	(0.72)	(2.01)	(0.15)
人均GDP平方		-0		
		(-0.14)		
中等收入			1.721***	1.637***
			(4.67)	(4.44)
高收入			1.016**	0.845*
			(2.04)	(1.69)

续表

	方程1	方程2	方程3	方程4
中部区域				1.801***
				(4.36)
东部区域				2.201***
				(5.28)
常数项	57.08***	56.98***	55.99***	55.34***
	(92.38)	(58.38)	(84.66)	(80.73)
N	8640	8640	8640	8640

社会生活指数是人们对于经济增长的过程中社会生活条件改善的感知评价，主要是公共产品的享受情况，包括医疗、养老、社会保障等方面的评价。社会生活的评价在不同性别之间的差异不显著，随着时间变化的差异也不显著，会随着年龄的增长而提高，同时城市居民的社会生活评价要显著高于农村居民。因而，社会生活相较于物质福利而言是一种更为持久的内在差异，农村居民在物质福利方面可以较快地赶上城市居民，但在社会生活领域却与城市有较大的差异，重视农村的社会建设是降低城乡二元性、提高整体经济增长质量的重要方面。人均GDP对社会生活的评价是显著为正的，人均GDP每提高1000元，可带来0.015分的社会生活评价的增长，方程2表明二次曲线效应不显著，因而这一效应是线性的。控制消费者个人收入以后，这种正效应仍然显著，但由于人均GDP与收入之间的正相关关系，参数估计值从0.014下降为0.011。而控制中部和东部区域变量以后，人均GDP对社会生活指数的效应就不显著了，这表明人均GDP对社会生活的影响，可由区域差异来解释。

表5-12　　GDP增长率对社会生活指数的回归结果

	方程1	方程2	方程3	方程4
性别	-0.127	-0.128	-0.0834	-0.0871
	(-0.40)	(-0.40)	(-0.26)	(-0.28)
年龄	0.658***	0.665***	0.680***	0.658***
	(4.64)	(4.69)	(4.80)	(4.64)
户口	0.804**	0.826**	0.956***	0.886**
	(2.28)	(2.34)	(2.70)	(2.50)

续表

	方程1	方程2	方程3	方程4
年份	-0.0644 (-0.17)	-0.0910 (-0.25)	0.0979 (0.26)	0.535 (1.42)
GDP增长率	-0.0577 (-0.80)	1.111*** (3.20)	1.088*** (3.14)	0.967*** (2.79)
GDP增长率平方		-0.0529*** (-3.45)	-0.0514*** (-3.35)	-0.0314** (-2.01)
中等收入			1.781*** (4.87)	1.615*** (4.40)
高收入			1.180** (2.42)	0.830* (1.68)
中部区域				2.345*** (4.99)
东部区域				2.919*** (6.13)
常数项	58.76*** (61.51)	52.57*** (25.86)	51.24*** (24.97)	48.13*** (22.84)
N	8640	8640	8640	8640

GDP增长率对社会生活评价不存在显著的线性关系，但其二次曲线效应十分显著，其对于社会生活评价的影响首先是正效应然后是负效应，拐点值大约在10.5%，控制消费者收入以及区域等变量之后，这一效应仍然显著。这一拐点值与GDP对经济增长质量总指数的拐点类似，这表明社会生活的改善也需要有一定的经济总量增长速度为前提，但太高的经济增长速度并不总是能够带来社会生活质量的提升。

表5-13　　　　消费对社会生活指数的回归结果

	方程1	方程2	方程3	方程4
性别	-0.125 (-0.39)	-0.127 (-0.40)	-0.0875 (-0.28)	-0.0845 (-0.27)
年龄	0.667*** (4.70)	0.696*** (4.90)	0.705*** (4.97)	0.694*** (4.90)

续表

	方程1	方程2	方程3	方程4
户口	0.803**	0.836**	0.947***	0.887**
	(2.28)	(2.37)	(2.67)	(2.51)
年份	0.00644	0.0641	0.231	0.270
	(0.02)	(0.18)	(0.64)	(0.75)
城市消费	0.000146*	0.00112***	0.00103***	0.000738***
	(1.78)	(4.58)	(4.18)	(2.94)
城市消费平方		−0.000000134***	−0.000000127***	−0.000000109***
		(−4.22)	(−3.98)	(−3.41)
中等收入			1.681***	1.590***
			(4.57)	(4.32)
高收入			0.943*	0.769
			(1.90)	(1.54)
中部区域				1.661***
				(4.01)
东部区域				2.210***
				(5.26)
常数项	57.73***	56.63***	55.51***	54.71***
	(110.99)	(97.39)	(87.66)	(83.36)
N	8640	8640	8640	8640

社会生活的医疗、养老、教育等方面的支出与消费支出具有重要的关联性，因而一个城市的消费支出增长对于社会生活的改善效应既有可能是正向的，因为更高的消费水平代表更高的社会生活基础；另一方面也可能是负向的，更高的消费支出，可能对社会生活支出造成一定的替代效应。从回归结果来看，一个城市的消费支出对于社会生活评价的影响是显著为正的，一个城市的消费每提高1000亿元，可带来社会生活指数提高0.014分。加入消费的二次项以后，发现其存在着显著的倒"U"型二次曲线效应，拐点约为4152亿元，这对于我国大多数城市来说仍然是一个较高的值，因而提升消费对于提高消费者的社会生活质量具有重要的意义。控制了收入、区域变量以后，这种二次曲线效应仍然是显著的，拐点值变为3380亿元，这一数值相当于一个大型城市当前的消费水平，因而

对于大多数城市而言提高消费对于改善社会生活具有正向效应。

表 5-14　　　　第三产业比重对社会生活指数的回归结果

	方程1	方程2	方程3	方程4
性别	-0.141	-0.143	-0.0881	-0.0867
	(-0.44)	(-0.45)	(-0.28)	(-0.27)
年龄	0.573***	0.578***	0.587***	0.599***
	(4.00)	(4.03)	(4.10)	(4.19)
户口	0.819**	0.833**	0.987***	0.893**
	(2.31)	(2.35)	(2.77)	(2.51)
年份	-0.147	-0.135	0.0350	0.0494
	(-0.40)	(-0.37)	(0.10)	(0.14)
第三产业比重	-7.025***	1.588	-7.634***	-8.717***
	(-4.92)	(0.20)	(-5.30)	(-5.71)
第三产业比重平方		-9.012		
		(-1.08)		
中等收入			1.936***	1.723***
			(5.25)	(4.67)
高收入			1.555***	1.112**
			(3.15)	(2.23)
中部区域				1.333***
				(3.13)
东部区域				2.476***
				(6.37)
常数项	61.65***	59.69***	60.39***	59.68***
	(72.12)	(29.72)	(68.08)	(62.33)
N	8531	8531	8531	8531

第三产业比重对社会生活指数的效应是显著为负的，这与物质福利指数的分析是类似的。

(4) 个人生活指数的回归分析

表 5-15　　　　人均 GDP 对个人生活指数的回归结果

	方程 1	方程 2	方程 3	方程 4
性别	-0.285	-0.300	-0.257	-0.258
	(-1.01)	(-1.07)	(-0.92)	(-0.92)
年龄	-0.0727	-0.0557	-0.0446	-0.0609
	(-0.58)	(-0.44)	(-0.36)	(-0.49)
户口	0.137	0.135	0.283	0.197
	(0.44)	(0.43)	(0.90)	(0.63)
年份	0.130	0.198	0.334	0.401
	(0.41)	(0.62)	(1.04)	(1.25)
人均 GDP	6.39e-06	0.0000867***	0.0000788***	0.0000571**
	(1.28)	(3.94)	(3.58)	(2.57)
人均 GDP 平方		-5.54e-10***	-5.29e-10***	-4.63e-10***
		(-3.75)	(-3.59)	(-3.14)
中等收入			1.602***	1.512***
			(4.92)	(4.64)
高收入			1.619***	1.432***
			(3.68)	(3.24)
中部区域				2.059***
				(5.63)
东部区域				2.503***
				(6.78)
常数项	62.23***	59.72***	58.77***	58.33***
	(113.71)	(69.14)	(66.54)	(65.54)
N	8640	8640	8640	8640

　　个人生活指数是人们对于经济增长的过程中个人生活条件改善的感知评价，相对于物质福利和社会生活而言，个人生活是更高层次的质量需求，包括了个人闲暇、工作强度、健康等方面。一方面，个人生活的质量与 GDP 之间的关系可能是正相关的，因为任何更高层次的生活质量满足都建立在一定的物质基础之上，没有离开物质基础的个人生活改善；另一

方面也可能有负效应，因为 GDP 高速增长时，会对人的闲暇时间造成一定的影响，以及社会压力的提升、环境污染的加剧等。回归分析表明，个人生活与经济增长质量、物质福利、社会生活三个变量的不同在于，其在不同的人群间的差异并不显著，因为性别、年龄、城乡、年份等变量均不显著，只有消费者的个人收入变量是显著的，中等收入要高于低收入 1.6 分，高收入组要高于低收入组 1.62 分。人均 GDP 对于个人生活的单独效应并不显著，加入二次项以后，发现其存在着显著的倒"U"型曲线效应，一开始个人生活会随着人均 GDP 的增长而提升，到了一定拐点以后，就会随着人均 GDP 的增长而下降，拐点值约在 7.8 万元，约为 2013 年排名第 4 位的江苏省的水平，因而对于大多数省份而言，人均 GDP 的增长对于个人生活的改善仍具有显著的正效应。控制了个人收入以及区域特征以后，倒"U"型曲线效应仍然存在，拐点值变化为 6.16 万元。

表 5 - 16　　　　GDP 增长率对个人生活指数的回归结果

	方程 1	方程 2	方程 3	方程 4
性别	-0.294	-0.295	-0.247	-0.249
	(-1.05)	(-1.05)	(-0.88)	(-0.89)
年龄	-0.0860	-0.0802	-0.0619	-0.0953
	(-0.69)	(-0.64)	(-0.49)	(-0.76)
户口	0.130	0.148	0.311	0.230
	(0.42)	(0.47)	(0.99)	(0.73)
年份	0.171	0.149	0.306	0.864***
	(0.53)	(0.46)	(0.93)	(2.60)
GDP 增长率	0.0370	0.990***	0.973***	0.815***
	(0.58)	(3.23)	(3.17)	(2.67)
GDP 增长率平方		-0.0432***	-0.0417***	-0.0164
		(-3.17)	(-3.07)	(-1.19)
中等收入			1.639***	1.448***
			(5.07)	(4.47)
高收入			1.705***	1.305***
			(3.95)	(2.99)
中部区域				3.107***
				(7.49)

续表

	方程1	方程2	方程3	方程4
东部区域				3.595***
				(8.55)
常数项	62.24***	57.20***	55.80***	51.89***
	(73.60)	(31.77)	(30.72)	(27.89)
N	8640	8640	8640	8640

单独考察 GDP 增长率对于个人生活的评价影响时，其并不显著，而加入其二次项时，就变得显著，表现为显著的倒"U"型曲线关系，类似地，GDP 增长率仍然是个人生活质量的一个重要前提，但是人均 GDP 增长率超过一定范围以后对于个人生活质量的改善效应就不显著了，甚至可能是负的，其拐点值约为 11.5%。控制个人特征与区域特征以后，这一效应仍然存在。

表 5-17　　　　　消费对个人生活指数的回归结果

	方程1	方程2	方程3	方程4
性别	-0.288	-0.292	-0.250	-0.246
	(-1.03)	(-1.04)	(-0.89)	(-0.88)
年龄	-0.0722	-0.0334	-0.0231	-0.0371
	(-0.57)	(-0.27)	(-0.18)	(-0.30)
户口	0.123	0.168	0.307	0.245
	(0.39)	(0.54)	(0.98)	(0.78)
年份	0.138	0.216	0.343	0.391
	(0.43)	(0.68)	(1.07)	(1.22)
城市消费	0.000111	0.00143***	0.00131***	0.00100***
	(1.53)	(6.62)	(6.03)	(4.52)
城市消费平方		-0.000000182***	-0.000000173***	-0.000000153***
		(-6.48)	(-6.14)	(-5.43)
中等收入			1.513***	1.420***
			(4.65)	(4.37)
高收入			1.429***	1.255***
			(3.25)	(2.84)

续表

	方程 1	方程 2	方程 3	方程 4
中部区域				1.882***
				(5.14)
东部区域				2.346***
				(6.32)
常数项	62.39***	60.90***	59.83***	58.94***
	(135.46)	(118.44)	(106.88)	(101.66)
N	8640	8640	8640	8640

按照通常的逻辑，消费对人们的个人生活具有重要的正效应，因为个人生活质量内容，一定程度上就是消费的过程。从一个区域来看，消费总量越大，个人闲暇的时间可能性越大，生活的质量也就越高。但从回归结果来看，仅考虑消费变量的回归模型中，其效应并不显著，而仅有其二次项是显著的，消费对个人生活评价的效应也是从显著为正转变为显著为负，其拐点值约发生在 3270 亿元，高于这一水平的消费值主要相当于我国的大城市，因而这些城市的消费增长对个人生活的改善并不具有正效应。消费对个人生活的正效应很容易理解，因为消费本身就是个人生活不断改善的结果，而其负效应则有些令人费解。其实这正是对我国经济增长质量的一个重要提醒，虽然消费对物质福利的改善具有线性的正效应，但是其对于个人生活方面却不一定，因而对于改善消费也不应盲目，消费的增长可能是建立在不断地消耗资源、较高的资源环境代价、不公平的社会收入分配等基础上，因而消费增长也应建立在有利于老百姓生活质量提高的基础上。

（二）交互效应分析

不同的变量可能存在交互效应，如人均 GDP 对于经济增长质量评价的影响虽然是显著的，但其在不同区域间的效应可能是存在差异的，因为作为市场化程度等外部变量，对于人均 GDP、消费等方面的效应具有系统性影响，因而本部分主要讨论不同变量之间可能的交互效应，以对不同的区域和不同的人群得到不同的经济增长质量提升的政策建议。

(1) 人均 GDP 在不同区域的效应

表 5-18　　　　　　人均 GDP 与区域的交互效应分析

被解释变量	y	y1	y2	y3
性别	-0.444*	-0.684**	-0.127	-0.279
	(-1.68)	(-2.39)	(-0.40)	(-1.00)
年龄	0.235**	-0.00723	0.700***	-0.0560
	(1.98)	(-0.06)	(4.96)	(-0.45)
户口	0.556*	0.430	0.856**	0.189
	(1.87)	(1.34)	(2.43)	(0.60)
中等收入	1.860***	2.289***	1.528***	1.460***
	(6.02)	(6.86)	(4.16)	(4.49)
高收入	1.673***	2.600***	0.651	1.338***
	(3.99)	(5.75)	(1.31)	(3.04)
年份	-1.288***	-1.325***	-0.0857	0.124
	(-4.23)	(-4.03)	(-0.24)	(0.39)
中部区域	-2.683***	-2.367**	-3.374***	-1.678*
	(-3.06)	(-2.50)	(-3.24)	(-1.82)
东部区域	-5.055***	-4.568***	-6.571***	-3.448***
	(-5.86)	(-4.90)	(-6.42)	(-3.80)
人均 GDP	-0.0000881***	-0.0000827***	-0.0000949***	-0.0000774***
	(-8.42)	(-7.32)	(-7.64)	(-7.04)
中部 GDP	0.0000947***	0.0000998***	0.0000980***	0.0000719***
	(6.45)	(6.30)	(5.62)	(4.65)
东部 GDP	0.000122***	0.000114***	0.000144***	0.0000990***
	(9.54)	(8.22)	(9.43)	(7.33)
常数项	61.29***	59.05***	60.62***	64.08***
	(80.56)	(71.89)	(67.11)	(80.06)
N	8640	8640	8640	8640

表 5-19 的回归结果表明，加入了区域与人均 GDP 的交互项以后，区域虚拟变量与人均 GDP 都变得显著为负，但这与前面的回归分析并不矛盾，中部、东部地区的经济增长质量仍然是要显著地高于西部地区，因

为人均 GDP 与区域虚拟变量的交互项显著为正,其之所以为负是因为人均 GDP 对于经济增长质量的影响存在着倒"U"型的拐点效应,以经济增长质量总指数的回归为例,在人均 GDP 2.8 万元左右,中部虚拟变量的效应为正,在人均 GDP 4.5 万元左右,东部虚拟变量的效应开始为正,而这两个值恰好是各区域的人均 GDP 的平均值,也就是说只有在达到一定的人均 GDP 的值以上时,区域变量才开始是显著为正的。再看人均 GDP 的效应,由于交互项是显著为正的,因而不管是中部还是东部,人均 GDP 对于经济增长质量的正效应都更高,这也说明同样的人均 GDP 增长,在不同区域间的效应存在着显著的差异,导致差异的原因主要是区域自身的特征,对我国而言最大的区域差异就是市场开放程度。因而,在市场化越高的地区,经济增长质量的客观性指标与主观评价的差异化越小。

(2) 消费在不同区域的效应

表 5-19　　　　　　　消费与区域的交互效应分析

被解释变量	y	y1	y2	y3
性别	-0.397	-0.639**	-0.0736	-0.239
	(-1.49)	(-2.23)	(-0.23)	(-0.85)
年龄	0.223*	-0.0182	0.682***	-0.0601
	(1.87)	(-0.14)	(4.81)	(-0.48)
户口	0.575*	0.456	0.872**	0.203
	(1.93)	(1.42)	(2.46)	(0.65)
中等收入	1.954***	2.384***	1.635***	1.530***
	(6.30)	(7.13)	(4.44)	(4.70)
高收入	1.861***	2.774***	0.873*	1.509***
	(4.42)	(6.11)	(1.75)	(3.42)
年份	-1.056***	-1.115***	0.206	0.293
	(-3.47)	(-3.39)	(0.57)	(0.92)
中部区域	1.386***	1.784***	1.292**	1.111**
	(2.65)	(3.17)	(2.08)	(2.03)
东部区域	3.049***	2.994***	2.822***	3.509***
	(6.96)	(6.34)	(5.42)	(7.64)
常数项	-1.83e-06	-1.90e-08	4.25e-06	-6.56e-06
	(-0.30)	(-0.00)	(0.58)	(-1.01)

续表

被解释变量	y	y1	y2	y3
中部 GDP	0.000590**	0.000729***	0.000303	0.000616**
	(2.40)	(2.75)	(1.04)	(2.39)
东部 GDP	-0.000232**	-0.000242**	-0.000217*	-0.000322***
	(-2.28)	(-2.21)	(-1.80)	(-3.02)
常数项	56.54***	54.50***	55.16***	60.17***
	(93.73)	(83.79)	(76.99)	(95.07)
N	8640	8640	8640	8640

以上回归结果表明，中部虚拟变量与人均 GDP 的交互项是显著为正的，而东部虚拟变量与人均 GDP 的交互项却是显著为负的，表明人均 GDP 在区域间存在着差异，但在不同的区域这种效应本身也存在差异，人均 GDP 的效应在中部地区有所加强，每 1000 元 GDP 的增长，对于经济增长质量的影响在中部地区的效应较西部地区要高出 0.59 分，对于物质福利的影响要高出 0.73 分，对于个人生活评价的影响要高出 0.62 分。但在东部地区，这一效应对经济增长质量总体评价要低 0.23 分，对物质福利评价要低 0.24 分，对社会生活评价要低 0.22 分，对个人生活的评价要低 0.32 分。这一结果的启示在于，我国的中部和西部地区发展水平较低，因而人均 GDP 的增长对经济增长质量的正效应仍然存在，且发展水平越高的地区这一效应越高，而东部地区已经跨越了这一阶段，人均 GDP 对经济增长质量的作用不再是正向的，因而对于东部地区来说，改善经济的结构、提高居民收入等是较之于 GDP 增长而言更有效的提升经济增长质量的手段。

（3）GDP 增长率在不同区域的效应

表 5-20　　　　　　消费与区域的交互效应分析

被解释变量	y	y1	y2	y3
性别	-0.429	-0.674**	-0.107	-0.265
	(-1.61)	(-2.35)	(-0.34)	(-0.95)
年龄	0.167	-0.0847	0.636***	-0.112
	(1.40)	(-0.66)	(4.49)	(-0.90)

续表

被解释变量	y	y1	y2	y3
户口	0.625**	0.512	0.909**	0.254
	(2.10)	(1.60)	(2.57)	(0.81)
中等收入	1.928***	2.379***	1.630***	1.460***
	(6.25)	(7.16)	(4.45)	(4.51)
高收入	1.768***	2.721***	0.831*	1.312***
	(4.26)	(6.07)	(1.68)	(3.01)
年份	−0.676**	−0.716**	0.442	0.768**
	(−2.12)	(−2.08)	(1.17)	(2.29)
中部区域	−0.319	1.547	−2.471	−0.473
	(−0.16)	(0.72)	(−1.04)	(−0.22)
东部区域	−5.786***	−5.770***	−7.274***	−4.675**
	(−2.91)	(−2.69)	(−3.08)	(−2.24)
GDP 增长率	0.0551	0.114	−0.122	0.137
	(0.47)	(0.90)	(−0.87)	(1.11)
中部 GDP 增长率	0.266	0.163	0.381*	0.275
	(1.57)	(0.89)	(1.89)	(1.55)
东部 GDP 增长率	0.828***	0.839***	0.922***	0.746***
	(4.80)	(4.51)	(4.50)	(4.12)
常数项	55.62***	52.91***	56.90***	57.92***
	(34.27)	(30.23)	(29.49)	(33.99)
N	8640	8640	8640	8640

GDP 增长率与中部虚拟变量的交互效应不显著，而与东部虚拟变量的交互项是显著的，这表明同样的 GDP 增长率在东部地区能够带来更高的经济增长质量的提升，而中部的这一效应不明显。

（三）分组回归
（1）城乡的分组回归分析

表5-21　　　　　　城乡分组回归结果（1）

	经济增长质量		物质福利评价	
	农村	城市	农村	城市
性别	−0.217	−0.601	−0.617	−0.655
	(−0.59)	(−1.57)	(−1.56)	(−1.57)

续表

	经济增长质量		物质福利评价	
	农村	城市	农村	城市
年龄	0.242 (1.42)	0.189 (1.12)	0.0544 (0.30)	-0.124 (-0.67)
中等收入	2.062*** (4.61)	2.099*** (4.72)	2.687*** (5.63)	2.470*** (5.09)
高收入	1.943*** (3.41)	2.098*** (3.18)	3.109*** (5.11)	2.829*** (3.93)
年份	-1.689*** (-3.55)	-0.471 (-1.16)	-2.177*** (-4.28)	-0.233 (-0.52)
中部区域	2.462*** (5.13)	2.286*** (4.50)	2.901*** (5.66)	3.120*** (5.63)
东部区域	2.228*** (4.41)	2.589*** (5.01)	2.044*** (3.79)	2.633*** (4.67)
人均GDP	-0.00000452 (-0.53)	979 (0.11)	-5.91e-06 (-0.65)	7.58e-06 (0.81)
城市消费	2.83e-05 (0.22)	-0.000137 (-1.12)	0.000137 (1.01)	-0.000278** (-2.09)
常数项	56.96*** (73.25)	56.96*** (74.23)	55.14*** (66.45)	54.70*** (65.33)
N	4628	4012	4628	4012

表 5-22　城乡分组回归结果（2）

	经济增长质量		物质福利评价	
	农村	城市	农村	城市
性别	0.353 (0.80)	-0.580 (-1.28)	-0.149 (-0.38)	-0.324 (-0.81)
年龄	0.688*** (3.39)	0.678*** (3.42)	-0.0527 (-0.29)	-0.0769 (-0.44)
中等收入	1.719*** (3.23)	1.812*** (3.45)	1.377*** (2.93)	1.691*** (3.62)

续表

	经济增长质量		物质福利评价	
	农村	城市	农村	城市
高收入	0.739	1.605 **	1.354 **	1.638 **
	(1.09)	(2.06)	(2.26)	(2.37)
年份	-0.592	0.940 *	0.513	0.232
	(-1.04)	(1.95)	(1.02)	(0.54)
中部区域	1.751 ***	1.984 ***	2.784 ***	1.373 ***
	(3.06)	(3.31)	(5.52)	(2.58)
东部区域	2.151 ***	2.494 ***	2.887 ***	2.270 ***
	(3.57)	(4.08)	(5.44)	(4.19)
人均GDP	3.25e-06	5.36e-06	-6.56e-06	-9.18e-06
	(0.32)	(0.53)	(-0.73)	(-1.03)
城市消费	-0.000101	-7.68e-05	-0.000154	2.52e-05
	(-0.67)	(-0.53)	(-1.15)	(0.20)
常数项	55.85 ***	55.69 ***	60.03 ***	60.78 ***
	(60.28)	(61.41)	(73.49)	(75.53)
N	4628	4012	4628	4012

虽然前面的回归分析已经得到城乡在社会生活和个人生活方面存在着显著的差异，进一步我们需要关注的是收入增长对居民的经济增长质量感知的效应在城乡之间是否存在着显著的差异。将以上两表回归结果的收入系数进行整理后，可得到下表：

表5-23　　　　　　　收入估计值的城乡对比

		经济增长质量	物质福利	社会生活	个人生活
中等收入	农村	2.062	2.687	1.719	1.377
	城市	2.099	2.470	1.812	1.691
高收入	农村	1.943	2.098	0.739	1.354
	城市	3.109	2.829	1.605	1.638

以上数值对比表明，对于经济增长质量总指数而言，高收入组虚拟变量在城市的参数估计值要明显高于农村，约高出1.2分，随着收入的增长

(家庭月收入 10000 元以上），其对于经济增长质量的效应在城乡之间日益拉大，这一效应在物质福利、社会生活和个人生活方面同样存在，其差距分别为 0.73 分、0.87 分和 0.28 分，因此在人们的生活处于较为初级的小康型阶段时，城乡的经济增长质量差异并不是特别显著，而一旦进入到质量型阶段，同样的 GDP 增长在农村和城市中对居民的经济增长质量感知存在着较大的城乡差异。这反映出，我国经济增长的不平衡性，不仅体现在数量上，更体现在质量上，农村在基本公共服务提供等方面落后于城市，从而使得其在经济增长的质量上也落后于城市，同时也表明要使得收入增长与居民的幸福感保持正向关系，还需要有大量的其他的"互补性"投入。

（2）不同区域的分组回归分析

表 5-24　　　　　　　　经济增长质量总指数的分组回归

	西部	中部	东部
性别	-0.911* (-1.80)	-0.139 (-0.30)	-0.343 (-0.83)
年龄	0.213 (0.95)	0.0229 (0.11)	0.517*** (2.75)
中等收入	0.755 (1.36)	2.428*** (4.75)	2.065*** (3.90)
高收入	0.168 (0.20)	1.842** (2.36)	2.314*** (3.68)
年份	0.365 (0.66)	-2.516*** (-5.29)	-2.119*** (-4.88)
人均 GDP	-0.0000757* (-1.91)	-0.000132*** (-2.87)	0.000347*** (8.33)
人均 GDP 平方	-7.97e-11 (-0.29)	7.46e-10*** (2.64)	-1.72e-09*** (-6.72)
城市消费	0.000561*** (2.74)	0.00129*** (3.95)	-0.000968*** (-8.34)
常数项	60.32*** (41.01)	62.55*** (43.49)	46.68*** (29.32)
N	2546	2575	3526

表 5-25　　　　　　　　　物质福利指数的分组回归

	西部	中部	东部
性别	-1.261**	-0.354	-0.504
	(-2.36)	(-0.70)	(-1.12)
年龄	0.0450	-0.303	0.260
	(0.19)	(-1.36)	(1.27)
中等收入	1.330**	3.212***	2.049***
	(2.28)	(5.71)	(3.55)
高收入	1.369	2.527***	3.026***
	(1.56)	(2.95)	(4.41)
年份	0.00510	-2.715***	-1.790***
	(0.01)	(-5.19)	(-3.78)
人均 GDP	-0.000121***	-0.000125**	0.000332***
	(-2.88)	(-2.47)	(7.30)
人均 GDP 平方	2.84e-10	7.57e-10**	-1.66e-09***
	(0.97)	(2.44)	(-5.94)
城市消费	0.000518**	0.00135***	-0.000914***
	(2.40)	(3.76)	(-7.22)
常数项	59.52***	60.74***	45.28***
	(38.37)	(38.38)	(26.10)
N	2546	2575	3526

表 5-26　　　　　　　　　社会生活总指数的分组回归

	西部	中部	东部
性别	-0.304	0.0233	-0.113
	(-0.50)	(0.04)	(-0.23)
年龄	0.760***	0.606**	0.848***
	(2.84)	(2.50)	(3.85)
中等收入	0.172	2.068***	1.909***
	(0.26)	(3.38)	(3.07)
高收入	-1.062	1.011	1.434*
	(-1.07)	(1.08)	(1.94)

续表

	西部	中部	东部
年份	2.290***	−1.822***	−1.278**
	(3.47)	(−3.21)	(−2.51)
人均GDP	−0.0000907*	−0.000208***	0.000415***
	(−1.91)	(−3.80)	(8.47)
人均GDP平方	0	1.25e−09***	−2.03e−09***
	(0.01)	(3.70)	(−6.76)
城市消费	0.000547**	0.00140***	−0.00108***
	(2.23)	(3.58)	(−7.91)
常数项	59.33***	63.50***	43.43***
	(33.69)	(36.92)	(23.25)
N	2546	2575	3526

表5-27　　　　　　个人生活指数的分组回归

	西部	中部	东部
性别	−1.073**	0.308	−0.192
	(−1.97)	(0.64)	(−0.45)
年龄	−0.318	−0.309	0.417**
	(−1.33)	(−1.45)	(2.14)
中等收入	0.355	1.645***	2.118***
	(0.60)	(3.07)	(3.86)
高收入	−0.252	1.971**	2.020***
	(−0.28)	(2.41)	(3.09)
年份	1.632***	−0.462	−0.602
	(2.76)	(−0.93)	(−1.34)
人均GDP	1.99e−05	−0.0000839*	0.000313***
	(0.47)	(−1.75)	(7.23)
人均GDP平方	−7.17e−10**	3.37e−10	−1.56e−09***
	(−2.40)	(1.14)	(−5.89)
城市消费	0.000614***	0.00117***	−0.00100***
	(2.79)	(3.40)	(−8.31)
常数项	61.29***	64.24***	50.90***
	(38.84)	(42.59)	(30.82)
N	2546	2575	3526

从以上 4 表的回归结果可以看到，收入对于经济增长质量的效应存在着较为明确的区域差异性，以经济增长质量总指数为例，西部地区的中等收入虚拟变量、高收入虚拟变量的效应均不显著，而中部地区、东部地区的分组回归均是显著的，中部地区在中等收入虚拟变量的估计值整体高于东部地区，而在高收入虚拟变量上的参数估计值却低于东部地区，在物质福利指数、社会生活指数和个人生活指数等三个领域内均呈现出相似的区域结构特征。这表明，我国经济增长质量存在着梯度差异，收入增长对于经济增长质量的效应需要通过大量的区域互补性投入才能得以显现，西部地区之所以不够显著除了其在经济上相对落后以外，其在公共产品提供、市场化建设等方面均与中东部地区还有一定差距，中部地区在中等收入虚拟变量上的效应要高于东部地区，说明对于次发达地区而言，收入从温饱型向小康型转变的过程中，收入可提高其经济增长质量的评价，但对于高收入者而言由于其互补性投入还是要低于东部，随着其对于经济增长质量的预期值提高，其收入增长所带来的经济增长质量评价就要低于互补性投入相对较好的东部地区。这一回归结果，与前面的交互项分析的结论形成了相互验证。

表 5-28　　　　　　　　人均 GDP 在区域间的参数估计值差异

		水平值	变动关系	拐点值（元）
经济增长质量	西部	-0.0000757 *	U	475043
	中部	-0.000132 ***	U	88178
	东部	0.000347 ***	倒 U	101082
物质福利	西部	-0.000121 ***	U	212262
	中部	-0.000125 **	U	82283
	东部	0.000332 ***	倒 U	100192
社会生活	西部	-0.0000907 *	U	23981244
	中部	-0.000208 ***	U	83205
	东部	0.000415 ***	倒 U	102176
个人生活	西部	0.0000199	倒 U	13847
	中部	-0.0000839 *	U	124375
	东部	0.000313 ***	倒 U	100230

人均 GDP 对经济增长质量评价在不同区域间均呈现出显著的二次曲线效应关系，但不同的区域所呈现的变量变动关系存在着差异。对于西部和中部地区而言，人均 GDP 与经济增长质量评价主要呈现出先下降后增长的"U"型曲线关系；东部则主要呈现出先增长后下降的倒"U"型曲线关系。根据回归参数计算出来的西部地区的拐点值为 47 万元，因此对于西部地区而言这仍远在拐点值之左，人均 GDP 对经济增长质量的评价是负相关关系。中部地区的拐点值为 8.8 万元，从当前的发展水平来看，离拐点值仍有一定差距，若按现在的增长速度，将在 5—10 年达到从负变正的拐点。东部地区的拐点值约为 10 万元，主要的城市已在拐点附近，也有部分城市（如广州、深圳等）已超过拐点，进入到从正向负的区间。综合以上分析可见，对于中西部等相对落后的地区，经济增长质量总体处于人均 GDP 与经济增长质量负相关的拐点之左，而对于东部等相对发达的地区又已跨过了人均 GDP 与经济增长质量正相关的拐点，因而我国总体上仍处于人均 GDP 的增长与经济增长质量的评价负相关的区间。对于中西部地区来说，应通过外部环境建设，降低经济增长质量的人均 GDP 拐点，尽快进入到两者正相关的区间，以使得经济增长的速度与质量相适应，而对于东部地区来说在跨过人均 GDP 的拐点以后，则就更加注重经济增长过程中的社会建设与居民个人生活的改善，而不再是主要注重 GDP 等数量指标的增长。

第六章 结论、政策建议与研究展望

一 主要结论

（一）居民感知评价是经济增长质量的重要微观基础

本书通过对经济增长质量的评价文献与政策文献的梳理发现，经济增长质量问题之所以长期被重视却没有找到有效的解决路径，其根本原因在于宏观的经济增长质量政策缺乏微观基础。构建宏观经济增长质量微观基础的前提是要有基于微观主体的经济增长质量评价机制。经济增长质量的定义应回归到质量本身，即经济增长的结果为社会公众所满意的程度。通过实证调查的数据分析可以表明，居民对收入、消费、物价以及收入分配等方面的不满，是导致总体经济增长质量评价不高的主要原因，这一结果与人们对经济增长感知程度不高的现象是相吻合的，因而政策制定者应根据居民的评价来针对性地制定政策。

（二）经济增长质量的结构差异显著

我国的经济增长质量评价在区域之间和城乡之间存在着显著的差异。其中西部地区的经济增长质量评价要落后于中东部地区，尤其是在社会生活和个人生活方面，随着我国区域发展战略的调整，西部地区的发展速度有了较大提升，但经济增长的质量仍然要落后于中东部地区，经济增长质量的评价与经济总量的增速并不是完全一致的，需要进一步地完善落后地区的发展机制，尤其是要增强以居民的实际福利改善为标准的经济发展方式转变，提高经济增长质量。回归分析的结果还表明，西部地区的人均GDP增长与经济增长质量评价仍主要处在拐点的左侧呈负相关关系，而东部地区则主要处在人均GDP与经济增长质量评价呈正相关的区间，因而对于西部地区来说尽快通过外部环境的改善如公共基础设施、社会民生的改善使得 GDP 与经济增长质量的提升相适应。

城乡之间的经济增长质量差异也是显著的，物质福利的评价在城乡之间的差异基本不大，且随着时间的变化而缩小，其差异主要体现在社会生活方面，因而对于农村地区的社会建设是经济增长质量的重点。此外，不同受教育程度人群的经济增长质量评价也具有显著的差异，受教育程度对于经济增长质量评价的作用没有随着收入的增长而改变，因而教育对于经济增长质量而言具有目的性意义。

（三）社会生活与个人生活是导致经济增长质量差异的重要方面

宏观上的经济增长质量政策能够在一定范围内解决不同区域、人群之间的经济增长质量差距问题，如农村居民收入增长在近年来快于城镇居民收入，城乡收入差距有所缩小，但是城乡之间的经济增长质量评价却仍然有明显的差异。其主要原因是农村居民在社会生活与个人生活方面仍然要显著地落后于城市居民，这表明以结构调整为主要方式的经济增长质量政策并没有完全解决我国经济增长质量不平衡的问题。另外，区域之间的经济增长质量差异也在社会生活与个人生活方面表现得更为显著。这都表明，经济增长质量应更加注重社会生活与个人生活方面，特别是教育、医疗、社会保障、环境保护等重要的公共产品的提供等方面。

（四）收入对于经济增长质量的影响具有临界点效应

一般而言经济增长质量的评价随着收入的增长而增长，但这种效应并不是线性的，而是呈二次曲线型的，存在着临界点效应，即经济增长质量评价先是随着收入的增长而增长（下降），到了一定数量以后随着收入的增长而下降（增长），且这种效应没有随着受教育程度、年龄、城乡等因素的控制而消失，因而收入对于经济增长质量的评价的临界点效应在不同的人群中存在。在中部和西部地区，人均 GDP 与经济增长质量评价主要是"U"型曲线关系，而在东部地区人均 GDP 与经济增长质量主要是倒"U"型曲线关系。这进一步说明以居民感知来评价经济增长质量与客观性的经济指标评价既有关联又有显著的差异，人均 GDP 需要由其他互补性投入才能够促进经济增长质量的提升，GDP 是经济增长质量的必要条件而非充分条件。

二 主要的政策建议

（一）在全国建立起居民感知的经济增长质量评价体系

对我国经济增长质量政策回顾分析，还是基于经济增长质量的政策方面回顾，都已经证明经济增长的目的是为了不断提高人的生活质量，因而经济增长质量的好坏也只能由经济增长的主体来进行评价。这是宏观经济增长质量目标得以实现的重要微观基础，目前基于居民评价的指标体系已经取得了一定进展，但是专门针对经济增长质量的评价数据库还需要进一步加以建立。要加快建立经济增长质量评价的标准建设，使经济增长质量的评价更为科学和可操作。建议在经济增长的核算体系中加入基于居民感知的评价指标，由社会第三方在全国范围内进行常规的经济增长质量主观评价调查，定期发布全国各个地区的经济增长质量评价指数，使之成为我国国民经济统计指标体系的重要组成部分。

（二）重视社会建设提高总体经济增长质量

不同人群和不同区域的分析均表明，社会生活的差异性要高于物质福利的差异性，因此政府的经济增长质量政策应更多地用于改善不同区域和人群在社会生活方面的差异，如改善农村教育、医疗、养老基本条件，提高农村居民的社会保障水平；加强对于西部地区的市场化建设，以激发民间发展的活力，使得居民能够更好地分享经济增长带来的福利改善，加大对于落后区域的社会建设，改善经济增长质量的短板。

（三）发挥市场对于经济增长质量提升的决定性作用

数据分析表明，区域经济增长质量的变动与市场化程度完全正相关。东部地区之所以能够在经济增长质量上有更好的表现，也能够使得人均GDP 的增长与经济增长质量的评价协同发展，其主要原因还是在于其市场化程度较高，居民能够在经济增长的过程中相应地获得更多的分享，经济增长能够更多地体现社会公众的利益。我国的经济增长质量政策主要是通过政府的结构调整政策来实现，而结构调整更多的是表现为政府的行政审批、进入门槛、经济性补贴等手段，这些方法已被证明只具有短期效应，而不能从根本上提高经济增长的质量，尤其是通过政府大规模投资来实现的区域平衡发展战略，只能使得一个区域在经济增长的数量上获得较快增长，但在增长的质量上仍然要落后于其他区域。只有不断地通过改革，不断提升市场化程度，才能建立起经济增长质量的长效机制。政府应减少经济性支出，更多地投入于改善社会公平性的公共性支出。

三　进一步的研究展望

本书从居民感知这一新的视角来研究和评价我国当前经济增长质量，部分地解释了我国当前经济增长质量不高的原因，那就是缺乏基于居民感知的经济增长质量评价。但对于这一问题仍然需要进一步地深入研究。

在理论层面，应进一步地探讨基于居民感知的经济增长质量评价如何能够促进政府行为的改变，使其能够具有符合经济增长质量具体目标（总量稳定可持续增长、结构优化、投入产出效率高、社会福利增长等）的内在激励。并且要基于这一研究的目标，进一步地研究居民感知的经济增长质量评价标准的建立，使其具有一般性和可复制性。

在实证层面，本书所引用的数据仅是一年的横截面数据，因而只能做不同人群的分析。对于经济增长质量而言，其要具有更现实的政策针对性，就必须有连续的年度数据，与GDP、投资、消费等数据一样具有年度可比的意义，在年度的变动中得出具体的政策建议。同时，限于篇幅以及本书的研究主题，本书还没有详细地分析经济增长质量的区域差异性，而经济增长质量的区域比较，是经济增长质量的另一重要研究领域，因为不同的区域不仅在经济增长上面临不同的问题，在经济增长的质量上也有着不同的情况，需要通过区域比较分析来得到政策建议。最后，基于感知的经济增长质量评价也需要与客观性指标放在一起进行关联分析，得到客观与主观指标之间的逻辑关系，以更为全面地反映经济增长质量的状况。

附　　录

A.1　2014 年调查问卷

尊敬的先生/女士：您好！

　　受武汉大学质量发展战略研究院的委托，我们正在进行一项质量调查，目的是了解民众对质量的评价。经严格的科学抽样，我们选中了您作为调查对象。您的合作对我们了解有关信息和制定社会政策，有十分重要的意义。对于您的回答，我们按照《统计法》严格保密。感谢您协助我们完成这次访问，十分感谢！

基本信息

A1. 性别：0. 男　1. 女

A2. 年龄：1. 18—30 岁　2. 31—40 岁　3. 41—50 岁　4. 51—60 岁
　　　　　5. 61 岁以上

A3. 居住地：0. 城市　1. 农村

A4. 婚姻状况：0. 已婚　1. 未婚

A5. 文化程度：1. 研究生及以上；2. 大学　3. 大专
　　　　　　　4. 中专、中技、职高　5. 高中　6. 初中
　　　　　　　7. 小学　8. 文盲或半文盲

A6. 职业类型：1. 农民（农林牧渔等生产人员）
　　　　　　　2. 公务员、事业单位人员　3. 企业职员
　　　　　　　4. 教师/医生/律师/金融等专业技术人员
　　　　　　　5. 个体经营者
　　　　　　　6. 其他（学生、离退休人员、家庭妇女等）

A7. 家庭总人口（常住人口与外出人口）_____人

A8. 家庭月平均收入（含工资性收入、投资收入、财产性收入等）约为：

1. （0—2000 元）　　　　　2. （2000—4000 元）
3. （4000—6000 元）　　　　4. （6000—8000 元）
5. （8000—1 万元）　　　　　6. （1 万—1.2 万元）
7. （1.2 万—1.5 万元）　　　　8. （1.5 万—1.8 万元）
9. （1.8 万—2.0 万元）　　　10. 2 万元以上

A9. 家庭每月平均总支出：_____元

1. （0—2000 元）　　　　　2. （2000—4000 元）
3. （4000—6000 元）　　　　4. （6000—8000 元）
5. （8000—1 万元）　　　　　6. （1 万—1.2 万元）
7. （1.2 万 —1.5 万元）　　　8. （1.5 万 —1.8 万元）
9. （1.8 万—2.0 万元）　　　10. 2 万元以上

提示：以下各个问项的回答，没有对错之分，您只要根据平时的想法和做法回答就行。1—10 的程度依次增加，6 分为及格线（如下图所示）。

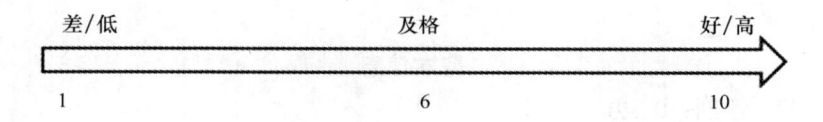

差/低　　　　　　　　及格　　　　　　　　好/高
1　　　　　　　　　　　6　　　　　　　　　　10

问　项	选择分值
Q1：对收入增长状况的评价	1　2　3　4　5　6　7　8　9　10
Q2：对就业机会的评价	1　2　3　4　5　6　7　8　9　10
Q3：对物价状况的评价	1　2　3　4　5　6　7　8　9　10
Q4：对消费环境的评价	1　2　3　4　5　6　7　8　9　10
Q5：对未来的消费信心	1　2　3　4　5　6　7　8　9　10
Q6：对投资和创业机会的评价	1　2　3　4　5　6　7　8　9　10
Q7：对贷款成本和容易程度的评价（越容易贷款，得分越高）	1　2　3　4　5　6　7　8　9　10
Q8：对财产拥有和增值状况的评价	1　2　3　4　5　6　7　8　9　10
Q9：对生活成本的评价（成本越高，得分越低）	1　2　3　4　5　6　7　8　9　10

续表

问　　项	选择分值
Q10：对税负程度的评价（税负越高，得分越低）	1　2　3　4　5　6　7　8　9　10
Q11：对经济增长前景的评价	1　2　3　4　5　6　7　8　9　10
Q12：对经济政策的评价	1　2　3　4　5　6　7　8　9　10
Q13：对经济投入产出状况的评价	1　2　3　4　5　6　7　8　9　10
Q14：对经济结构合理性的评价	1　2　3　4　5　6　7　8　9　10
Q15：对经济稳定性的评价	1　2　3　4　5　6　7　8　9　10
Q16：对社会保障水平的评价	1　2　3　4　5　6　7　8　9　10
Q17：对医疗保障水平的评价	1　2　3　4　5　6　7　8　9　10
Q18：对社会治安的评价	1　2　3　4　5　6　7　8　9　10
Q19：对基础教育的评价	1　2　3　4　5　6　7　8　9　10
Q20：对交通便利状况的评价	1　2　3　4　5　6　7　8　9　10
Q21：对社区生活的评价	1　2　3　4　5　6　7　8　9　10
Q22：对生态环境状况的评价	1　2　3　4　5　6　7　8　9　10
Q23：对公共体育文化设施可使用性的评价	1　2　3　4　5　6　7　8　9　10
Q24：对社会诚信状态的评价	1　2　3　4　5　6　7　8　9　10
Q25：对政府服务和法治环境的评价	1　2　3　4　5　6　7　8　9　10
Q26：对自身健康状况的评价	1　2　3　4　5　6　7　8　9　10
Q27：对自身长寿可能性的评价	1　2　3　4　5　6　7　8　9　10
Q28：对个人闲暇时间的评价	1　2　3　4　5　6　7　8　9　10
Q29：对社会压力的评价（压力越大，得分越低）	1　2　3　4　5　6　7　8　9　10
Q30：对家务劳动强度的评价	1　2　3　4　5　6　7　8　9　10
Q31：对个人成长前景的评价	1　2　3　4　5　6　7　8　9　10
Q32：对经济发展质量的总体评价	1　2　3　4　5　6　7　8　9　10

A.2　2013年调查问卷

基本信息

A1. 性别：1. 男　　2. 女

A2. 年龄：1. 18—30岁　2. 31—40岁　3. 41—50岁

　　　　　4. 51—60岁　5. 61岁以上

A3. 户籍：1. 城市　　2. 农村

A4. 婚姻状况：1. 已婚　2. 未婚

A5. 文化程度：1. 研究生及以上；2. 大学　3. 大专
　　　　　　　4. 中专、中技、职高　5. 高中　6. 初中
　　　　　　　7. 小学　8. 文盲或半文盲

A6. 所在单位：1. 党政机关　2. 企业单位　3. 事业单位
　　　　　　　4. 社会团体　5. 个体经营　6. 在校学生
　　　　　　　7. 离退休人员　8. 其他

A7. 家庭总人口（常住人口与外出人口）＿＿＿＿人

A8. 家庭月平均收入（含工资性收入、家庭经营收入、财产性收入与转移支付收入等方面）：＿＿＿＿元

A9. 家庭每月平均总支出：＿＿＿＿元

注意：

以下问项的回答，没有对错之分，您只要根据平时的想法和做法回答就行。1 到 10 的程度依次增加，6 分为及格线（如下图所示）。

```
差/低              及格              好/高
 ─────────────────────────────────────▶
 1                 6                  10
```

问　项	选择分值
1. 对本年度家庭收入增长的满意度	1 2 3 4 5 6 7 8 9 10
2. 对本年度家庭消费增长的满意度	1 2 3 4 5 6 7 8 9 10
3. 对居住条件的满意度	1 2 3 4 5 6 7 8 9 10
4. 还贷（或债务）对生活造成的压力感（压力越大分值越高）	1 2 3 4 5 6 7 8 9 10
5. 对本地物价状况的满意度	1 2 3 4 5 6 7 8 9 10
6. 家庭未来收入增长的可能性	1 2 3 4 5 6 7 8 9 10
7. 对本地就学条件的满意度	1 2 3 4 5 6 7 8 9 10
8. 对家庭成员就医状况的满意度	1 2 3 4 5 6 7 8 9 10
9. 对本地的养老保障状况评价	1 2 3 4 5 6 7 8 9 10
10. 对本地政府整体办事效率的满意度	1 2 3 4 5 6 7 8 9 10
11. 对本地政府公信力的满意度	1 2 3 4 5 6 7 8 9 10

续表

问　　项	选择分值
12. 对本地就业环境的满意度	1　2　3　4　5　6　7　8　9　10
13. 对本地投资或经商环境的满意度	1　2　3　4　5　6　7　8　9　10
14. 对自我社会地位（未受社会的歧视）的满意度	1　2　3　4　5　6　7　8　9　10
15. 对社会总体收入分配状况的满意度	1　2　3　4　5　6　7　8　9　10
16. 对本地社会治安状况的满意度	1　2　3　4　5　6　7　8　9　10
17. 对本地精神文化生活的满意度	1　2　3　4　5　6　7　8　9　10
18. 对家务劳动强度的满意度	1　2　3　4　5　6　7　8　9　10
19. 工作中所感受到的压力（压力越大分值越高）	1　2　3　4　5　6　7　8　9　10
20. 对上下班路途所耗费的时间的满意度	1　2　3　4　5　6　7　8　9　10
21. 对个人闲暇时间的满意度	1　2　3　4　5　6　7　8　9　10
22. 工作或劳动强度与收入的是否相匹配	1　2　3　4　5　6　7　8　9　10
23. 对社会的总体信任状况评价	1　2　3　4　5　6　7　8　9　10
24. 对本人参与社会公共事务机会的满意度	1　2　3　4　5　6　7　8　9　10

参考文献

[1] Akerlof, G, A. 1970, "The Market for 'Lemons': Quality Uncertainty and the Market Mechanism", *The Quarterly Journal of Economics*, vol. 84 (3), pp. 488 – 500.

[2] Azariadis, and C, A. Drazen. 1990, "Threshold Externalities in Economic Development", *The Quarterly Journal of Economics*, vol. 105 (2), pp. 501 – 526.

[3] Barro, R, J. 1991, "Economic Growth in a Cross Section of Countries", *Quarterly Journal of Economics*, vol. 106, pp. 407 – 443.

[4] Barro, R, J. 2002, "Quantity and Quality of Economic Growth", *Working Papers from Central Bank of Chile*.

[5] Basu, Susanto and David Weil. , 1998, "Appropriate Technology and Growth", *Quarterly Journal of Economics*, vol. 113, pp. 1025 – 1054.

[6] Frankel, Jeffrey and David Romer. , 1999, "Does Trade Cause Growth?", *American Economic Review*, vol. 89, pp. 379 – 399.

[7] Gerschenkron, Alexander, 1962, *Economic Backwardness in Political Perspective*. In The Progress of Underdeveloped Areas, Bert Hoselitz (editor), University of Chicago Press.

[8] Hall, Robert E and Charles I. Jones. , 1999, "Why Do Some Countries Produce So Much More Output per Worker than Others?" *Quarterly Journal of Economics*, vol. 114, pp. 83 – 116.

[9] Hallak, J. C and Peter K Schott. , 2011, "Estimating Cross – Country Differences in Product Quality", *Quarterly Journal of Economics*, vol. 126, pp. 417 – 475.

[10] Knack, Stephen, and Philip Keefer. , 1995, "Institutions and Economic

Performance: Cross – Country Tests Using Alternative Institutional Measures", *Economics and Politics*, vol. 7, pp. 207 – 228.

[11] Long, John B., and Charles I. Plosser., 1983, "Real Business Cycles". *Journal of Political Economy*, vol. 91, pp. 39 – 69.

[12] Lucas, Robert E. J., 1988, "On the Mechanics of Economic Development". *Journal of Monetary Economics*, vol. 22 (1), pp. 3 – 42.

[13] Mankiw, N. Gregory, David Romer, and David N. Weil., 1992, "A Contribution to the Empirics of Economic Growth", *Quarterly Journal of Economics*, vol. 107, pp. 407 – 437.

[14] Murphy, Kevin M., Andrei Shleifer, and Robert W. Vishny., 1989, "Industrialization and the Big Push", *Quarterly Journal of Economics*, vol. 106, pp. 503 – 530.

[15] Putnam, R. 1992. "The prosperous community: social capital and public life", *The American Prospect*, vol. 13, pp. 35 – 45.

[16] Rostow, W. W., 1960, "*The Five Stages of Growth – A Summary, in The Stages of Economic Growth: A Non – Communist Manifest*". Cambridge University Press.

[17] Solow, R. M., 1957, "Technical Change and the Aggregate Production Function", *The Review of Economics and Statistics*, vol. 39 (3), pp. 312 – 320.

[18] Venohr, B, and Meyer, K. E., 2007, "The German Miracle Keeps Running: How Germany's Hidden Champions Stay Ahead in the Globe", *Working Papers of the Institute of Management Berlin*, No. 30.

[19] Bo Rothstein, Jan Teorell. 2012. *Defining and measuring quality of government.*. In Sören Holmberg & Bo Rothstein (eds.): Good Government: The Relevance of Political Science. Cheltenham: Edward Elgar Publisher, 2012.

[20] Easterlin R. A., Angelescu L*Modern economic growth and quality of life: cross – Sectional and time series evidence.*" In: Land KC (ed) Handbook of social indicators and quality – of – life research. Springer, New York and London.

[21] Krugman, P. 1994, "The Myth of Asia's Miracle", *Foreign Affairs*, vol. 73, 6.

[22] Ramón E. López, Vinod Thomas, and Yan Wang, 2008,"The Quality of Growth: Fiscal Policies for Better Results", *IEG Working Paper*.

[23] Takayoshi Kusago. 2007,"Rethinking of economic growth and life satisfaction in post – WW Ⅱ Japan – a fresh approach", *Social Indicators Research* vol. 81, pp. 79 – 102.

[24] 阿玛蒂亚·森：《以自由看待发展》，中国人民大学出版社 2008 年版。

[25] 白重恩、钱震杰、武康平：《中国工业部门要素分配份额决定因素研究》，《经济研究》2008 年第 8 期。

[26] 程虹、陈昕洲等：《质量强国战略若干重大问题研究》，《宏观质量研究》2013 年第 3 期。

[27] 程虹、李丹丹：《加快建设质量强国》，《人民日报》（理论版）2013 年 7 月 10 日。

[28] 程虹、刘芸：《利益一致性的标准理论框架与体制创新——"联盟标准"的案例研究》，《宏观质量研究》2013 年第 2 期。

[29] 程虹、李丹丹：《一个关于宏观经济增长质量的一般理论——基于微观产品质量的解释》，《武汉大学学报》（哲学社会科学版）2014 年第 3 期。

[30] 程虹、陈昕洲、罗连发：《质量强国战略若干重大问题研究》，《宏观质量研究》2013 年第 3 期。

[31] 蔡昉：《中国经济增长如何转向全要素生产率驱动型》，《中国社会科学》2013 年第 1 期。

[32] 蔡昉、都阳：《中国地区经济增长的趋同与差异——对西部开发战略的启示》，《经济研究》2000 年第 10 期。

[33] 钞小静、惠康：《中国经济增长质量的测度》，《数量经济技术经济研究》2009 年第 6 期。

[34] 钞小静、任保平：《中国经济增长质量的时序变化与地区差异分析》，《经济研究》2011 年第 4 期。

[35] 卡马耶夫著：《经济增长的速度和质量》，陈华山等译，湖北人民出版社 1983 年版。

[36] 李克强：《关于调整经济结构促进经济可持续发展的几个问题》，《求是》2010 年第 11 期。